思维第一◎中学版

学习的超级动力

相信孩子，就能创造奇迹

房超平 著
王永春

中国青年出版社

| 总序

相信孩子，就能创造奇迹

深圳某重点高中优秀学生小宇读了"'抄'出好成绩"等案例后，对案例中的小伙伴羡慕不已："如果我爸爸像案例中的家长一样，我的学习会更快乐，成绩也会更好。"

陕西师范大学教育专业硕士小韩同学听完我的"爸爸，我彻底戒掉网瘾了"等案例报告后，不由自主地赞叹道："内地与沿海地区家长的观念差距太大了，确实需要转变。"

与企业家朋友黄先生交流完"妈妈，我要和男朋友一起旅游"等案例后，他不无遗憾地说："要是我父母也能这样对待我，我就考上名牌大学了，也会成为人们羡慕的儒商。"

家长赵先生根据我的建议，用"家庭聚餐我做主"的办法对孩子开展教育后，取得了明显的效果：孩子不仅不再自私，而且变得更宽容，更有礼貌，也爱学数学了。

我国香港某投资集团董事长吴先生在听我介绍了"7个30分钟，她向数学落后说拜拜"等案例过程中，多次激动地插话："如果有机会，您一定要给我的孩子多些指导。"

在澳大利亚某中资银行担任高管的朋友龚女士对"从'黑马'到

黑马"等我的孩子的学习逆袭案例耳熟能详,时常在短信中直言:"我女儿处于青春期,应该交给你来管教。"

在我国澳门教育暨青年局组织的分享会上,与部分中小学校长交流完"发明数学定理,我能"等案例后,一位年纪较大的校长刘女士给我留下了这样一张纸条:"内地教育原来比我们想象得好很多,值得澳门教育同仁学习。"

深圳某重点高中张老师在我的指导下上完教改课后,把课堂实录发给我(系"我是李大钊,请关注当下中国现实"案例的素材),并留言:"原以为百家讲坛只会出现在电视节目里,没想到还能出现在教改课堂上,这对师生都是享受。"

乍一看"40多天自学胜过6年多系统教育"等案例的标题,资深媒体评论人黄先生觉得有"标题党"的嫌疑,但读完相关案例全文之后,却发出了这样的感叹:"这些案例的情景是真实的、可信的,并且可以在其他孩子身上复制。"

陕西某重点高中主管业务的张副校长在陪同我参加完对该校教师的课堂交流与培训后,在微博上写下了这样的评论:"房校长对我校教师的培训效果十分明显……他的'以学论教'的观点对我的影响非常深刻。"

浙江杭州市知名校长、特级教师骆女士用"'低位'与'高位'并具的视角"对有关案例予以点赞:"案例中的每个字似乎都是从基层'长'出来的。同时,这些从最底下长出来的文字却又有一定的高度,渗透着科学的思考。"

中国家庭教育学会副会长傅国亮先生在本人的作品发布会上这样评论:"房超平的专著最大的亮点就在于,采用了案例描述的写作方法,给人一种清新扑面的感觉,拿起来就不想放下,值得家长阅读和学习。"

……

在回忆这些略带鼓励性质的语言和情境时,我的脑海里总会浮现出另外一些痛楚的画面,同为普通学生、家长和教师,却由于教育思路和方法的不同,陷入了完全不同的窘境:一个又一个充满厌学情绪的"熊孩子",一个又一个对教育逐渐失望的家长,一个又一个对"熊孩子"无可奈何的老师……毋庸置疑,当教育改革被迫在理想与现实之间寻求平衡,在进取与妥协中持续推进的大背景下,好教育就成为更多家长、教师甚至学校孜孜以求的目标。本书中的案例和阅读建议也许会给处于困境中的家长和教师带来新的希望。这也正是中国青年出版社推出本书的原因。

在我看来,好教育应该使孩子更聪明、更健康;好教育应该让孩子学习好、格局大;好教育应该给孩子乐观、自信的品质;好教育应该为孩子领导力和创造力的形成奠定扎实的基础。这样的好教育一定能够超越"应试教育":既可以使优秀学生更上一层楼,也可以把"熊孩子"转变为"学霸",使问题学生充满正能量。

根据我对好教育的理解,本书试图以如下结构呈现对好教育的美好期待,也为孩子们绘制了一幅成长的"路线图":幼儿期,让孩子远离"熊孩子",保持好奇心;少儿期,让孩子拒绝"熊孩子",逐步走到世界舞台中央;青春期,让孩子摆脱"熊孩子",跟"叛逆"说"不";高中期,让孩子告别"熊孩子",走上创造性学习之路。

每一个孩子都天真可爱,每一个孩子都是天生的学习者。让孩子享受快乐的童年,在游戏中发展孩子的智力,在教育中放大孩子的格局,就不可能有"熊孩子"产生的"土壤"。幼小版第一章和第二章的案例和阅读建议,期望能为家长和老师揭开远离"熊孩子"的谜底。

天下本无"熊孩子",是后天不当的教育将孩子"教"成了"熊孩子"。显然,少儿时期是"熊孩子"的诱发期,稍有疏忽和不慎,就会导致孩子的野蛮"熊性"滋长,"熊孩子"便会不请自到。幼小版第三章和第四章和中学版第一章的案例和阅读建议,与家长和老师们一起探讨"熊孩子"的成因,以及解决孩子成长过程中诸多问题的有效途径。

青春期是"熊孩子"的高发期,"青春不叛逆"成为多数家长和老师的奢望。难怪部分家长和老师不时发出这样的感叹:这孩子没救了。果真应该如此吗?中学版第二章至第四章的案例和阅读建议,设法为家长和老师们分忧解愁:即便"熊孩子"不期而遇,也不必那么担心——只要方法对头,"熊孩子"也能华丽转身,"学渣"也可以"弯道超车"。

没有"熊孩子"的困扰,并不意味着孩子能享受学习,有高峰体验。即便部分成绩优秀的孩子,也摆脱不了为学习而学习的被动局面,甚或把学习沦为分数的奴隶、排名的工具。如何以创造性学习和自主性学习,重拾学习信心,促进方法转变,使孩子的潜力充分暴发?本书的部分案例和阅读建议,也许能帮助家长和老师们找到答案。

为了让读者更清晰地阅读本书,本书的每个篇章都由核心观点、案例和阅读建议3个板块组成:每个篇章的核心观点,帮助读者抓住文章的关键和实质;案例部分以鲜活、灵动的内容,针砭教育时弊,切入家庭和学校教育的关键问题,并给出了合理、有效、可行的解决方案和对策;阅读建议部分则揭示了支撑案例的教育理念和教育智慧,试图帮助家长和老师举一反三地解决与案例类似或相关的问题,引导家长和老师改进自身的教育行为。

为了使现代教育理念以一种亲切、崭新的面孔面对读者,案例部分以家长和教师在日常教育实践中遇到的非常棘手的问题的解决为线索,强化了故事性、趣味性和可读性,以期本书的观点能够直抵读者的心灵。而为了使读者理解案例背后所隐含的教育理念和教育智慧,阅读建议部分则以案例的经验或教训为切入口,直面家庭和学校教育的诸多现实困境,强化思想性、专业性和引领性,以期引发读者对案例教育意义的高度关注,放大案例的教育意义。

我相信,只要家长和老师能够按照本书所给出的路径开展教育,好教育就会在伴随孩子成长过程中释放出巨大能量,孩子就一定能成为自主学习、自我管理的主人,就一定能在内驱力的推动下成为家长和老师眼中的好孩子。即使偶尔有出现"熊孩子"的迹象或可能,也能从容应对,及时纠偏。

据此,本书秉持"相信孩子,就能创造奇迹"的信念,突出"问题学生全面转化""优秀学生超常发展"两个主题,关注"孩子自主提升""家长有效引导""老师科学施教"三个维度,直面"丧志""叛逆""代沟""网瘾""早恋""厌学""自私""打架"等青春期面临的8个难题,以求实现以下10个愿景:每个孩子都喜欢读书、喜欢学校;每个孩子的心灵都能得到悉心呵护;每个孩子都成为学习的真正主人;每个孩子都告别"叛逆";每个孩子都具有领导力和创造力;每个孩子的缺点和问题都能转化为他们持续进步的动力;每个学校和家庭活动都蕴含教育价值;家长和老师对孩子的每个批评都能变成建议;每一节课都能成为科学家诞生的摇篮;知识、学习和思维的魅力成为每一个孩子学习的内在动力。

房超平

2020 年 1 月 18 日

中学版序

厌学不是孩子的错

到了小学高年级阶段或初中以后，厌学的孩子越来越多，家长、老师叫苦不迭。那么，问题到底出在哪里？笔者认为，厌学不是孩子的错，是家庭教育或学校教育出现了问题。解决厌学问题，家长和老师可以从以下三个方面入手。

提高兴趣　降低期望要求

经常会有家长和老师抱怨说，这孩子真不省心，上课不认真，学习不努力，但很少有家长和老师思考背后的原因。

其实，很多时候这种现象与孩子基础差、上课听不懂有关。对此，家长、老师需要反思的是：孩子基础差，上课不是听"天书"吗？帮助孩子补基础、抓预习才是解决问题的良策。可能有家长会说，补基础不是一时半会儿就能完成的。我觉得，一是通过预习打好每一节课的基础，特别是理科，可以消灭每一节课的拦路虎，进而结束恶性循环的学习状态。二是可以选择暑假或寒假专门就某些学科进行补课。孩子进入高年级学习能力增强了，短期内补足以前的基础完全有可能。

孩子不认真学习也有可能与学习内容枯燥、兴趣不高有关，增强孩子对学习的兴趣才是关键。从家长的角度看,让孩子多接触社会、多了解当代前沿知识、多阅读课外书,把学习与当前的生活紧密联系起来,就有可能解决学习兴趣不高的问题。

孩子不认真学习,还可能与家长的期望值过高有关。这势必会让孩子视学习为畏途,甚至会因为努力了却达不到目标而放弃努力,产生厌学情绪。对此,降低期望值才是关键。适合的才是最好的。家长给孩子的期望值,必须因人而异,不要总拿别人的孩子或自己以前的状态,与自己孩子进行对比,因为越比越容易让孩子丧失自信、厌烦学习。

厌学还有一种可能,就是孩子想学好,但苦于找不到好的方法和窍门,学习效率低下。家长需要反思的是:如果天天做事倍功半的事情我们会喜欢吗?因此,要让孩子喜欢学习,必须告诉孩子省时省力的办法。比如,做作业的策略,就是要做到五个"不":没有认真复习功课以前,不动手做作业;没有形成正确的解决思路之前,不动手写作业;做作业过程中,不许翻看书本和笔记;做完一个题目后,没有整理这个题目的解题思路,不做下一个作业;没有把这个作业进行改正前，不动手做下一个作业。

这五个"不"提出以后，孩子做作业的速度虽然慢了，但是，效率高了，实现了举一反三。因此，如果家长让孩子感觉到学习是可以省时省力的，我相信这样的建议孩子们是容易接受的。

主动减负　缓解学习压力

很多时候，孩子每天的作业量非常多，有些迟慧或者身体不大好的孩子怎么做也做不完。这样的情况必然会因为作业不能完成，或完成不好而受到老师的批评，进而产生厌学情绪。对此，家长需要反思的是：怎么努力做都做不完，或做不好都要受批评，孩子会愿意继续努力吗？

面对作业过多的情况，家庭减负势在必行。比如，我的女儿在高一时数学成绩很不好，主要原因就是作业完不成，找谁补课都没有用。我想了一个办法：把她每次的数学作业减少一半，甚至减少2/3，剩余的部分抄完，让她先能够完成作业。结果，两个多月以后，孩子学习成绩有了明显提高，从倒数第一变成了中游。后来，我写了一篇文章叫《抄出好成绩》。为什么能抄出好成绩呢？因为抄作业后，孩子休息有保证，上课精力好，听讲效率高，而作业正确率提高，老师也不批评了，孩子的信心就增强了。

孩子的压力大，还与家长不理解孩子、过多说教和指责有关。有些家长天天唠叨来唠叨去就那几个字："你学会了吗？你要认真学习呀！"有个高中生的家长跟我说：孩子周末回来后，当他要跟孩子说话的时候，孩子这样说："别说了，我知道你要说些什么，你无非是要对我说，要好好学习，学习好了就能考上好的大学，考上好的大学就能找到好的工作，找到好的工作就有好的享受。如果没有别的要说的，你就别说了。"

家长要多关爱孩子，与孩子多协商，多给孩子些建议，少些要求和命令，把学习的自主权交给孩子，才是解决问题之道。如果命令、要求太多，孩子是无法听进去的。

像上面那位家长，我建议他，孩子回家后先与孩子这样交流：一周学习太辛苦了，回家后先休息，吃点好吃的，放松放松，多干一些自己喜欢干的事情，不要急着做作业。这个家长这样做了以后，周日上午，孩子反倒着急了。因为作业是孩子自己的事情，如果他不完成，老师会找他麻烦的。反过来，如果家长天天催时时催孩子完成作业，孩子就会被催皮了、烦了：反正家长要催我完成作业，干脆等你催我再做。

增强自信　融洽师生关系

厌学还有一个很重要的原因，是孩子经过努力成绩没有明显进步，对自己缺乏信心。提高孩子的自信心，必须发现孩子的闪光点，孩子哪怕有任何学习的变化或进步，家长都要予以激励。

我写过一篇《贷分数"贷"出好成绩》：有两个孩子分别考了57分、58分。孩子们找到老师，让老师给他们提高成绩，以便达到及格，让家长看了后有面子。老师稍加思考后告诉孩子们："我同意给你们加分数，但是，在加分之前你们得查一查有关贷款的知识。"第二天，两个孩子把自己查到的有关贷款的概念及利息等知识告诉给老师。讲完后，老师说："好吧，我也要给你们贷分数，贷分数是要有利息的，每给你们贷1分，你们要还3分。"那俩孩子开心地说："老师你简直是个'黑魔王'。"过了两个月,这两个孩子都考到了80多分。这个案例说明,只要给孩子希望和激励,孩子就能够不断进步。

孩子因不喜欢任课教师,进而不想学习有关科目的现象也时常发生。通常情况下,家长会责备孩子:"你要喜欢老师,否则,怎么能提得起精神呢?"我觉得,家长得理解孩子,设法帮助孩子改善师生关系,让孩子喜欢老师。

有一天,我接到班主任的电话,说孩子上课顶撞老师,对班主任也不耐心,希望回去后严加管教。我放下电话后想,除非万不得已,孩子是不会顶撞老师的,一定是因为老师误会了孩子,孩子受了委屈,才会发生这样的事情。

孩子回家后,非常不开心。我见状并没有批评孩子,而是这样跟孩子说:"你受委屈了,把自己的委屈告诉爸爸吧。"孩子听了后满眼泪水,一五一十地把事情的经过告诉我。原来,她座位后边有一个男同学老捅她,她感到非常难受,就说了那个孩子一句。结果,她说话的时候被老师看见了,老师不问青红皂白就批评了她:"你在讲什么?给我出去。"孩子想跟老师解释,而老师误以为是孩子顶撞她,就把班主任叫到教室来。于是,就发生了上述的情况。

说完以后,孩子接着说:"我在学校这个样子,老师和班主任都对我不好,我该怎么办呢?"我说:"我知道你受委屈了。但你想过没有,老师当着大家的面说你的时候,如果你当时不反抗,你就点个头坐下来,下课再跟老师解释,效果会不会更好?"她点头称是。我说:"要是你是老师,你也会把学生的辩解误会成当面顶嘴,心里也会不舒服。"孩子听完后说:"爸爸我错了。"我说:"虽然你受了委屈,但自己错了,还是要跟老师道个歉。老师听到你的道歉和解释以后,会理解你的。"假如老师打电话告诉家长,孩子犯错了,而家长不理解孩子,直接把孩子批评一通,孩子不可能认识到自己的错误,这样,师生关系就僵化了,孩子就不可能喜欢这门课程。

(本文原载于 2017 年 7 月 30 日《中国教育报》)

目录

第一章 叛逆意味着孩子开始独立思考问题了

1. "从踏入名校起,我开始厌学了!"
   选择学校需要考虑孩子的学习基础 /002

2. "早恋"引发的早恋
   正确看待孩子对异性的爱慕行为 /012

3. "这一次,'权威'使我伤透了心"
   大人的要求未必适合每一个孩子 /022

4. "乖乖仔"说,父母残害了他10年
   "顺从"往往是无声的反抗 /032

5. 从谁也说不动到开始心动
   "闪光点"有助于树立后进孩子的自信心 /041

第二章 换个角度：犯错是重要的教育资源

- **6** N 次迟到，找 N+1 次理由 /050
  要引导孩子不断强化自我纠错机制

- **7** "走，一起去揍他！" /058
  先让孩子把委屈说出来，孩子才能接受你的建议

- **8** "爸爸，我彻底戒掉网瘾了！" /068
  节制而不是限制上网，就有可能消除网瘾

- **9** "卡拉 OK 王"的觉醒 /077
  孩子不接受，任何约束都很难发挥作用

- **10** 从那时起，他不再打架 /085
  假定孩子主观犯错，就无法教育到位

- **11** "大人教我谈恋爱！" /093
  把对异性的爱慕之情转化为进步的动力

第三章　自我教育是主动思维的原点

12 "奇怪，怎么那么多第三名？" /104
　　正确看待孩子的排名变化

13 "算"出来的自信心 /115
　　引导孩子学会数据分析的方法

14 校内留学带来的变化 /125
　　给孩子换个小环境，问题就可能迎刃而解

15 "我才是真正的胜利者！" /132
　　让孩子正确面对一时的失意

16 40多天自学胜过6年多系统学习？ /140
　　帮助孩子逐渐形成自学能力

17 从小事抓起，建设先进集体 /148
　　鼓励参与班级管理，营造更好的学习氛围

第四章 "弯道超车"有赖于思维力的有效提升

18 "抄"出好成绩 /160
关心孩子的学习负担,胜过关注学习成绩

19 从"黑马"到黑马 /169
抓住关键时间节点,激励孩子超越自我

20 从"无恶不作"到"全优学生" /182
找到问题症结,才能让孩子重拾自信和希望

21 7个30分钟,他向数学落后说拜拜 /194
任何时候,都不要轻言"孩子没救了"

22 他的物理竟然从倒数变成第一?! /205
引导孩子建立知识框架,就有可能实现逆袭

23 "你简直神了,我没法跟你比!" /220
鼓励孩子大胆挑战权威

第五章 高阶思维:走向学习之巅的法宝

24 "啄木鸟""注射器"都可以变成"病句分析图"? /230
　　思维导图有助于实现"由厚变薄"的目标

25 "发明数学定理,我能!" /237
　　在解决特殊问题中,让孩子"发现"知识、"创造"规律

26 "'老牛',这个绰号我喜欢!" /247
　　展示学习:增强理解、提高记忆的有效途径

27 只有进行现代化、民族化、脸谱化改造,才能让观众喜欢 /255
　　充分发挥孩子的学习优势

28 一堂课可以搞出八种复习方案? /261
　　多用几种方法复习,不断提高复习效率

29 "我是'李大钊',请大家关注当下的中国现实!" /268
　　让孩子学会伟人们的思维方法

30 "我也能编高考题!" /280
　　会编高考题的孩子,高考成绩差不了

后记 /290

思维第一
学习的超级动力

第一章

叛逆意味着
孩子开始独立思考问题了

处于青春期的孩子往往用各种手段和方法来确立自我与外界的平等地位。因此，青春期常常被称为"叛逆期"。其实，叛逆意味着独立思考，它并不可怕，可怕的是教师和家长对待叛逆的态度和行为方式。只要教师和家长的态度正确、方法得当，"青春不叛逆"完全有可能实现。

"从踏入名校起,我开始厌学了!"

选择学校需要考虑孩子的学习基础

核心观点

- 家长对名校的一厢情愿虽有一定道理,但家长更需注意:适合自己孩子的学校,才是最好的学校。
- 真正的名校一定要旗帜鲜明地坚持教育公平,兼顾每一个孩子的个性化发展和综合素质的提升。
- 基础不好,进入名校,反而会因为学习赶不上,过于压抑,而导致孩子望而却步。
- 名校只是给具有良好习惯的学生提供了一个变得更优秀的条件和基础。从本质上看,这也是名校比普通学校优秀的客观原因。
- 没有好的家庭教育配合,即便在名校读书,也不一定能培养出优秀的学生。因此,无论如何,家长都不能放弃自己的教育责任。
- "在名校,孩子们的习惯都比较好,孩子去了后,不至于学坏。"如此看来,是不是名校并不重要,学风和校风才是最关键的。

苦于家门口没有名校，从小阳上六年级第二学期开始，小阳的爸爸就到处托人打听怎么做才能读名校，目的只有一个，那就是让孩子到名校去读初中。然而，由于多种原因，老阳在孩子上初一的第一学期，未能为孩子找到理想的初中名校读书，只好先让孩子上了家门口的初中。

虽然孩子已经上了初中，但老阳还是不甘心，仍然想方设法为孩子入读名校寻找机会。功夫不负有心人，老阳的多方努力终于有了结果，一所市属初中名校愿意接收小阳读书。然而，在家门口上学半年的小阳，却喜欢上了这所老阳并不看好的学校。无论老阳怎么解释、做工作，小阳都不愿意服从爸爸的安排——转学去名校读书。然而，胳膊最终还是拧不过大腿，在老阳的强力逼迫和亲戚的耐心劝解下，小阳被迫同意在初一第二学期转入名校读书。

然而，转入市属名校后，在原校成绩还不错的小阳，在新的班级名次排到倒数。原因很简单，这所市属名校的学习进度非常快，很多学生在寒暑假就学完了下学期的课程，老师上课根本不讲课本上的内容，而是组织学生开展高难度练习。虽然老阳为了让孩子把学习赶上去，找了当地有名的培训机构，利用所有的节假日和晚上时间对孩子进行一对一培训，但孩子的成绩还是没有明显改善。在努力没有效果之后，小阳的自信心急剧下降，甚至出现了厌学情绪。

没有想到转学后会出现这种现象，小阳非常不开心，老阳也一下子慌了手脚。情急之下，老阳找他在教育系统的朋友咨询该怎么办。在这位朋友的指导下，老阳终于与小阳坐到了一起，交流出现这种问题的原因。

"你告诉爸爸，到底是怎么回事呀？为什么到了这么好的学校，你的成绩不但没有保持，而且还退步这么严重？"老阳说话时，心情非常沉重。

看着孩子低头不语，老阳强打精神，一边摸着孩子的头，一边语气缓慢地说："没有关系。有什么困难和问题都可以说给爸爸听，爸爸不会责怪你。咱们一起想办法解决。"

"爸爸，到新学校后，老师上课很快，学的内容很难，我根本听不懂。还有同学们都瞧不起我，说我是'后门生'，在学校里没有好心情。"看父亲很真诚，小阳一五一十说起了事情的原委，"而在原来的学校，老师对我们很关心，学的进度比较适合我，内容也不是很难，作业也是我努力能够完成的。再说，我和其他同学的基础差不多，同学们之前都在一个小学读书，互相很熟悉，大家都能玩得来，心情也不错。"

看父亲不吭气，小阳斗胆继续说道："爸爸，我真的很喜欢原来的学校，不喜欢这个新学校。我想转回去。爸爸，求求你了。你同意我转回原来的学校，我一定会非常努力的。"

"啥?你想转回去?"听孩子这么说,老阳的声音马上提高了几度:"不可以,不可以。你知道,爸爸为这个事情费了多大劲吗?很多同学想进都进不来。你还要转学?这怎么可以呀?你也要理解爸爸,爸爸可是为你好呀!"

"我知道爸爸是为了我好。要不然,我就不会同意爸爸的要求,转到这所学校来了。"小阳对爸爸的话不以为然,"可是,我现在已经很努力了,学习效果不好,而且心情非常糟糕。如果爸爸还要我继续在这里读下去,我只会越来越差。这样,我读书还有啥意思呀,一点都不开心,也丧失了对自己

的信心。"

说着,小阳的眼泪止不住掉了下来。

看孩子这么难受,老阳没有了主意,在一旁坐着的小阳妈妈也责怪起老阳来。

经过多方咨询教育界人士的意见,又与新老两校的班主任、领导分别反复沟通,再与孩子多次交流,老阳终于同意把孩子转回家门口的学校。

然而,知道老阳的想法后,小阳的爷爷、奶奶、外婆、外爷等长辈以及老阳的朋友都对老阳的这个决定不能理解,纷纷指责老阳把孩子转回去的想法。

"到这所学校是别人求之不得的事情,你花了那么多的精力和代价,好不容易进去了,现在却主动放弃了。真是不可思议。"

"孩子比较小,不懂事,但你大人脑子没有问题呀,为啥只听孩子的一面之词。"

"学习环境改变了,孩子肯定要适应一段时间,让孩子适应适应就好了,要教育孩子学会适应不同的环境。"

"名次是个相对概念,在原校好,在新校差,只能说明名校比一般学校质量更好,更需要在名校不断提升自己。"

"现在竞争压力多大呀,生活在这个竞争的时代,孩子需要承受一定的压力,连这点压力都承受不了,以后怎么面对生存压力呀?"

"在名校读书,学习成绩即便差一点,但孩子班上的同学都是有出息的。走上社会后,孩子将来的人脉关系会好很多。中国是人情社会,没有好的人脉关系,什么事情都办不成。"

……

亲属、朋友与教育界人士的观点针锋相对,老阳不知道该听谁的,感到痛苦万分。

无奈,老阳又找到了小阳比较喜欢的原校班主任,声泪俱下地与这位老师谈起自己的苦衷,期望得到老师的帮助:"在中国当个父母真难呀!不给孩子读名校吧,怕孩子将来骂自己无能。给孩子读名校吧,孩子进去之后,很痛苦,不适应。我该怎么办?"

"非常理解你。"班主任老师劝解道,"不管怎样,你要看孩子的感受。孩子不幸福、痛苦,上什么学校都没有用。你觉得,上了名校能满足家长的虚荣心,但却伤了孩子的自信心。何去何从,只能你自己分析判断,别人帮不了你。"

看老阳没有回应,班主任进一步规劝道:"我可以再给你吃个'定心丸',如果你把孩子转回来,我们一定会让孩子的学习不断进步,也一定会更加关注孩子的感受,让孩子在学校的生活更快乐。"

也许是这位班主任的劝告起了作用,也许是孩子的反复哀求起了作用,一学期后,老阳经过苦苦挣扎和反复思考后,还是把孩子转回了原来的学校。

转回原校后,小刘又变得开心活泼起来,学习又恢复了以前的自信。初中毕业时,小刘还考上了当地的名牌高中,实现了老阳的夙愿。

阅读建议

孩子的事情,要多和孩子协商

在现实生活中,经常会遇到为孩子上学东奔西走的家长。很多家长以为,只要能读名校,自己就尽到了责任,至于孩子适合不适合、学习好不好、快乐不快乐等,这些事情都与自己无关,都是孩子、老师和学校的事情。这种态度是典型的不负责任的态度。没有好的家庭教育配合,即便是名校,也不一定能培养出优秀的学生。因此,不论是名校还是普通学校,家长都不能放弃自己的教育责任。

我有两个朋友的孩子学习非常好,一个孩子小学毕业时,被某名校选中,进了该校的五年制初高中直通实验班,但高考时却不幸落榜,复读一年后,才勉强考进了当地的一所一般院校。另一个孩子初中毕业时,考上了当地最好的高中,3年后参加高考也不尽如人意。这两个孩子进名校的时间节点不同,但结果却很相似:与原来他们的小学、初中不如他们的一部分比较优秀的同学相比,他们的高考成绩差距较大。除了这个相似点以外,他们的家长还在选择学校时分别向我咨询过同样的问题,而且我当时的意见基本一致:是不是读名校,取决于孩子的习惯。如果孩子养成了良好的自学习惯,自律性较高,读名校更好,否则,读名校不一定是好事。也许,这两个孩子都是那种学习靠他律的孩子,所以，不幸被我言中。

我也曾经遇到过一个要求帮孩子转到名校读书的家长。家长关于孩子读名校的理由，与案例中的一个观点非常相似："名校的生源结构较好，孩子在名校读书，以后的人脉资源不成问题。再说，名校的学习环境和氛围比较好，特别是名校学生的各种习惯比较好，孩子去了之后，不至于学坏。"这里，有两个问题值得探讨：一是名校比较好的环境和氛围，是名校本身就有这种基础，还是因为名校汇聚了优秀学生？二是名校学生的习惯较好，是名校自己培养的，还是这些孩子以前的学校和家长培养的？其实，答案是不言而喻的。一言以蔽之，名校只是给具有良好习惯的学生提供了一个变得更优秀的条件和基础。从本质上看，这也是名校比普通学校优秀的客观原因。主观上，由于很多非名校自甘"堕落"，也使得名校与普通学校在环境和氛围上的差距得以强化。这些非名校的领导者和教师也许是这样思考问题的：反正我们的生源不好——学习基础不好，行为习惯不好，我们本来比不过名校，要建设与名校更好的环境和氛围，需要付出更多的代价和时间，而且即便付出了，效果也不可能一下子呈现出来，还不如得过且过。殊不知，这样做，只会使本校的学习氛围和环境更差。

名校的环境和氛围好，再加上名校的教师有职业成就感，会吸引更多的名师到名校工作，这就势必造成资源的集约效应，这也是家长选择名校的更重要的原因。但有了好的环境和氛围，有了好的同伴和老师，并不等于孩子一定能有好的心情，一定能取得更好的成绩。原因很简单，在一个由优秀学生组成的班级中，可能会由于孩子的基础较弱和班级的学习难度过高，导致孩子学习跟不上或相对退步（在班级中的相对位置发生变化），而严重打击孩子的自信心，甚至产生厌学情绪，而这些与环境和氛围无关。对于那些自律性较差的学生，由于名校的绝大多数学生习惯较好，老师管理相对宽松，可能会导致这些学生的自律性越来越差，甚至可能由于优秀学生对这些学生的反感，而导致严重的心理问题。

综上所述，家长在为孩子选择学校读书的事情上，一定要特别慎重：充分考虑孩子的实际情况，而不要盲目跟风。

2

"早恋"引发的早恋

正确看待孩子对异性的爱慕行为

核心观点

- 孩子从懵懂地对异性产生感觉到互敬互爱，这是自然而然、天经地义的事，合乎人的生理与心理成长的客观需要，是青春跃动的表现，犯不着大惊小怪。
- 性教育应该从四年级开始。这门课应该由专门的老师任教。性教育的主要内容应该包括男女交往和性行为中应该注意的问题。
- 性教育的目的是，让孩子们破除对性的神秘感，一旦破除了这种神秘感，孩子们就不会做出出格的事情。
- 除了恋爱和性爱，性教育还有两个重要内容：第一是选择——性是人生中重要的选择。第二是安全——性行为必须注意安全。
- 老师、家长不希望孩子谈情说爱，似乎是为了孩子的未来着想。然而，老师、家长应该想到的是，这样的说辞连自己也难以相信。
- 面对学校性教育的缺失，家长不可以无所作为。正确的态度是，积极有效地介入和引导：根据孩子的年龄特点，让孩子认识到两性的生理特点。

老李十几年后谈起儿子初中时的班主任老师还咬牙切齿，究其原因，是这个老师没有处理好老李的孩子小李的所谓"早恋"问题，而导致他儿子从一个非常优秀的学生变为"双差生"——成绩、习惯都很差。

老李回忆说，他的儿子小李长得很帅，很受女孩子们喜欢。于是，小李所在的班级甚至其他班级的女孩都向他表达了"爱慕之情"——通过各种途径给小李写纸条表达爱意。

本来，小李根本没有搭理那些给他写纸条的女生——原因很简单，老李对自己的孩子要求很严格，不断用"坏女生"来形容这些女孩子。加上部分老师对"早恋"如临大敌的态度，更是给小李留下了"谈恋爱不是好学生"的印象。因此，连小李自己也认为，给他写纸条的大多数是表现不好的女生。

然而，就是一个大人眼中非常优秀的男孩子，却因为班主任老师的处理方法不当，发生了彻底的变化。原来，那些女生给小李写纸条的事情，不知被哪个同学告到小李的班主任那里，而且还把其中的一张纸条作为证据，递交给了班主任老师。而班主任老师对这件事情的处理方式，引起了小李极大的反感，并最终导致小李从一个品学兼优的孩子变成所谓的"双差生"。

当时，班主任老师收到这个纸条后，不分青红皂白，也没有事先调查，就在班级公布了女孩子写给小李的纸条的内容，并当着大家的面，批评小李学习不专心，有"早恋"现象。而小李又是一个特别爱面子的男生，明明自己没有谈恋爱，却被老师误解为"早恋"，并且还被老师在全班同学面前进行了公开批评。于是，小李爆发了他的第一次与老师的正面冲突。然而，不论小李怎样解释，班主任老师就是不肯收回自己的成见，而且还给小李扣上了一顶"不尊重老师"的"帽子"。

放学回家后，平时嘻嘻哈哈、有说有笑的小李仿佛像变了个人似的，表情凝重，不愿与任何人交流。老李了解了孩子的情况后，也不由分说，把小李狠狠数落了一顿。

从此，小李的态度和行为发生了180度的大转弯，原来守纪律、爱学习的小李不见了，逐渐变成了一个"十恶不赦"的"双差生"。不仅如此，小李还由反感与女生交流的"乖乖仔"，变成了见一个谈一个，几乎和所有给他写纸条的女生都相谈甚欢，整天被一群小女生包围的"浪荡公子"（小李的班主任老师给小李的新称呼）。小李的行为习惯越来越差，学习成绩也一落千丈，以至于初中升高中考试时，也名落孙山，不得不上了一个比较普通的高中，3年后的高考成绩也十分不理想，最后只上了一个大专学校，比起原来和小李差不多的同学，小李简直是不堪回首。用老李的话说就是，班主任老师

的一句话毁了小李的前程。

小李长大成人后,老李偶然与小李交流当时为何要这样做时,小李的解释让老李目瞪口呆:"老师说我谈恋爱,你也不相信我的解释,还狠狠教训我。我没有'早恋',你们却非得说我'早恋'了。既然落下了这样的坏名声,我就干脆按照你们的想法,好好谈一场恋爱,以免让你们看走了眼。"

回忆起初中时代的这件事,十几年后,小李还怀恨在心:"我这辈子都恨那个班主任,没法原谅。如果不是班主任这样对待我,我的人生不会这样,一定会更精彩。"

老李谈起这件事情来，也是唏嘘不已。特别是当老李听了隔壁老王的孩子小王的班主任老师处理小王类似事件的方法和结果后，更是气不打一处来，对孩子的班主任更是加深了不解和抱怨："为何同样的事情，老师处理办法的差别却这么大？难道这真是天意吗？"

那时，老王的儿子小王在上初一。

进校两周后，班上一个男孩神秘地走进班主任老师的办公室，向班主任老师告密："老师，不得了啦，小王与班上某个女孩子谈恋爱……"还没等这个男孩把话说完，班主任老师厉声打断了这个孩子的声音："小王和那个女孩子在交流学习问题，这个事情老师是知道的。你不要道听途说，更不要以讹传讹。"男孩离开办公室前，班主任老师还特别告诫："老师不喜欢打小报告的学生，希望你以后再也不要做这样的事情。"

其实，这个班主任根本不知道小王和女孩子有没有同学们认为的"出格"行为，只是不想让同学们把"早恋"的帽子戴在小王头上，特别是不想让小王和同学们觉得老师也认为这是一件不光彩的事情，所以就有了前文所述的一幕。

把这个男孩赶走后，班主任并没有把这件事束之高阁，而是选了别的时间，若无其事地把小王喊到自己的办公室，和小王进行交流。

"听说，你最近有好事，给老师分享分享？"班主任笑眯眯地说。

"没有，没有，都是他们瞎编的。老师，你可千万别相信呀！"小王矢口否认。

"怕什么？有女孩子喜欢你，很正常。你那么帅气，学习又好。别人喜欢你很正常。我要是你的同学，也会妒忌你，说你闲话的。"班主任看似轻松地说。

听老师没有批评他的意思，小王抬起头来看了老师一眼。然后，红着脸说："我们不是谈恋爱，只是互相喜欢对方。老师，我没有做错什么吧？"

"当然没有。"班主任接过小王的话说，"正值青春期的男生女生喜欢对方很正常。没什么大不了的，不要有太多的顾虑。即便不是谈学习问题，交流交流自己的想法，说说自己内心深处不愿和其他人交流的事情，也很正常。老师相信你能正确处理。"

与小王交流完了后，班主任又把喜欢小王的女生叫到办公室。除了告诉女孩子要正确对待男女生的感情外，班主任还不忘嘱咐这个女孩子："有什么事情，都可以大大方方地与小王交流，不必太担心别人怎么议论你。但是，老师还是要提醒你，不要在没有人的地方或者在夜晚与小王交流，以免社会上不三不四的人做出对你们不利的事情。"

结果，这两个孩子不但没有发生大人担心的事情，而且还双双考上了当地的名牌大学。

有人说,同人不同命。对于小李和小王而言,是同事不同命:同样的事情,因为班主任的处理方式不一样,结果完全不同。

阅读建议

"早恋"的帽子扣不得

确实如此,男孩与女孩之间的那点秘密,单纯用禁止的办法,只会越禁问题越多。没有任何一个老师或者任何一种教育能禁止男生女生之间的爱慕。随着人们观念的不断开放,管控和禁止只会使问题更加复杂。用强制的手段,无法解决问题,更无法拆开男女生之间的感情。有时候,表面上拆开了,实质上并没有拆开,只是大人看不到而已。某种程度上,这是一种掩耳盗铃的做法。而且,越想拆开少男少女的感情,他们的感情越是密切。这就是学生的行为,被大人称为叛逆的行为。

很多时候,家长和老师把异性孩子之间的情感与性联系起来。这是因为我们对性和爱的认知有偏差。众所周知,虽然性和爱之间有关联,但他们并不是一回事。

站在学校、老师、家长的角度上,也许是为了学生好,才不让两个男女生谈情说爱,不要让他们经常在一起。然而,老师、家长应该想到的是,这种说辞恐怕连自己都无法相信,他们甚至忘了自己曾经经历过的痛苦,也许那时的自己并不会因为老师或家长的教育,就不与心仪的异性交流,甚至有时会反其道而行之。因为学生的感觉是,男生女生在一起会更好,可以互相鼓励,互相学习。从有关的调查数据和实际情况看,国外很少有中学生因为"早恋"耽误了学习或前程,也很少有中学生恋爱后会在以后的生活中走到一起。反倒是在国内,那些因为家长或教师强硬干预而引起的少男少女问题越来越多。

从本质上看,这个年龄段的学生生理发育接近完成,但还没有完成。因此,在这个年龄段,即便有一些过密的行为也是可以理解的。现在西方的中学校园里男生女生发生过密行为的又有多少,但又对教育产生了多大的负面影响呢?好像不是很多。西方的学校乱了吗?也没有乱。相反,我们的学校越压抑,管控越严,问题越多。

按照国外的情形,性教育一般从四年级开始,而且这门课应该由专门的老师任教,其主要内容应该包括男女交往和性行为中应该注意的问题,目的是,让孩子们破除对性的神秘感,一旦破除了这种神秘感,孩子们就不会做出出格的事情。此外,性教育还有两个重要内容:第一是选择——性是人生中重要的选择。第二是安全——性行为必须注意安全。相较国外的性教育,我国的性教育基本上是在生物课上完成的,多数情况下这种教育不能大胆、公开地开展。因此,我觉得,我们的学校需要一个公开的性教育环境和空间,家长和老师不必因为性教育感觉到内心压抑,或者担心会出什么大问题。而老师和家长越是不讲,学生就越想去探索,因为这个年龄段的学生最好奇。

面对学校性教育的缺失,家长不可以无所作为。正确的态度是,积极有效地介入和引导,或为孩子提供有关的视频资料,与孩子一起观看,并与孩子分享自己的感受和体会;或提供有关的读物,与孩子一起阅读,并根据孩子的年龄特点,让孩子认识到两性的生理特点。否则，性教育的缺失，会造成诸如对异性的茫然所措或过度好奇，进而陷入苦恼、不能自拔等很多严重问题的发生，家长切不可掉以轻心。

3

"这一次,'权威'使我伤透了心"

大人的要求未必适合每一个孩子

核心观点

- 青少年有反权威的天性,对批评与表扬、对正义与邪恶都有敏感的反应。
- 老师、家长的权威对孩子造成的伤害,不只是受了委屈那么简单,还会使孩子丧失批判精神与质疑精神。
- 孩子作业过于潦草,老师按照下面的做法去做,就会收到明显的效果:把作业退还给他,并这样对他说:对不起,我实在看不清楚,能不能写得清楚一点再交来?
- 如果老师、家长的建议,确实让孩子真正感到有利于自己的成长,孩子一般都会主动接受。
- 如果老师、家长对孩子提要求时,不能以理服人,而是采取压制、强迫的办法,孩子通常难以接受,更不会按老师、家长的要求去做。
- 老师往往对孩子们提统一的要求:谁不按要求做,谁就是跟老师过不去。这样的做法,违背了一个基本常识:每个孩子都是不同的,没有适用于所有孩子的相同方法。

高二年级学生小吴是一个非常聪明的男生，学习上有一套自己的办法，对老师的建议也不是全盘接受，特别是在做作业这个问题上，小吴很少按老师的要求办，很多作业都不完成，上课也不是非常认真听讲。但即便如此，小吴每次考试的总成绩也在班上排第二。

　　面对这个特殊的学生，许多老师都认为，如果小吴能够认真听讲，积极完成各科作业，他的学习成绩还会更好。尤其是物理学科的赵老师，多次找班主任刘老师，要求刘老师劝劝小吴。

　　赵老师说了多次，刘老师都没当回事。直到有一次，赵老师气愤地质问刘老师："怎么回事呀？我给你说了多少次了，为什么小吴没有任何好转？是不是没有跟小吴谈过呀？你是小吴的班主任，小吴的问题你不管，我们更不管了。怪不得，小吴从来都不听我们其他老师的话，都是你这个班主任给惯的。"

　　"我跟小吴说，是没有问题的。但物理学科的事情，最好你自己过问，否则，我去管，担心影响你的工作呀！"刘老师随意说了一句。

　　"我跟他说过多次，他就是不听呀！"赵老师没有理会刘老师的善意。

"小吴听我的话，还不是因为我理解他。"刘老师心里虽然这样想，但嘴上还得认真地回应赵老师。

"其实，我也一样。我给这个孩子提建议和要求时，这个孩子一定会问我理由。如果我说不出理由，他一样不会接受我的建议。"刘老师想借此压住赵老师的火气，"要不，我先观察观察情况，然后再和他聊聊？"

"好吧。但你得给我一个最后时间，我都给你反馈过多次了，你从来都没有帮助我去解决这个问题。这次观察估计要多长时间呀？你得给我个准信儿。"赵老师依然咄咄逼人。

"放心，一周以后，我会主动找你的。"刘老师痛快地说。

这次谈话之后，刘老师决定每天抽出时间，侧面观察小吴的学习情况。

经过一周的观察，刘老师发现，小吴上课和上自习的过程中，经常拿着笔蹭头，或者在草稿纸上写一写，但从不认真听讲，也不认真完成作业。不仅物理学科的作业，数学学科和化学学科的作业也不认真完成。但是在自习时间，走到他的身边，小吴都没有反应，因为小吴上自习时非常投入。

一周时间过得很快，还没等刘老师找赵老师，赵老师就主动找到了刘老师："怎么样，你已经观察一周了，应该出马解决问题了。"

"赵老师，这个学生有点特殊，恐怕我强迫他做作业，只会适得其反。他不仅物理作业不做,数学、化学等学科的作业,他都不做。我们是不是一起研究一下这个学生,再来商讨解决问题的对策?"刘老师婉言谢绝了赵老师的要求。

"别搪塞我。"赵老师不屈不挠,"我是为你班级的学生好,作为班主任,你应该尽责吧。"

"好吧。那这样行不行?我把小吴叫过来。当着我的面,你来跟他说,我配合你。"刘老师只好退了一步。

"好吧。"看刘老师态度很坚决,赵老师只好勉强同意。

"小吴,物理老师说你没有认真完成作业,这对你的学习影响很大。所以,我们今天请你来,一起协商这个问题。"把小吴喊到自己办公室后,刘老师说明了意图。

"刘老师,真的没有想到,你也会给我提这个建议。其他

老师这样说，就罢了。你也这样说，我真没有想到。"刘老师没有料到小吴这个对自己比较尊重的学生会这样跟他说话。其实，这是小吴入校两年来第一次对刘老师这样讲话。

"刘老师，我要是不听你们的建议呢？"在刘老师思考回应办法的时候，小吴继续说。

"你这个学生怎么这样呀？"看小吴对刘老师这样说话，赵老师插话道，"老师也是为你好，你就不能先听老师把话讲完呀？"

赵老师说话时，小吴没有吭声，只是用眼睛瞥了一眼，言下之意，他不会接受赵老师的建议。

"这样吧。这次，你给老师一个面子，可不可以？先试一试按照赵老师的要求做。如果一个月后效果不好，咱们再变回来。"刘老师希望小吴能有所妥协。

"好吧。既然你强迫我做自己不想做的事情，那我就先委屈一下自己。但我还是要说，刘老师，你会为自己的这个建议后悔的。"小吴说完，就哭着离开了刘老师的办公室。

看到小吴这样，刘老师不免有点担心。

此后，小吴天天按时完成作业，但原来开朗的他却不见了，整天闷闷不乐。

一个月后的期末考试，小吴的各科成绩都下降了10多名。

"刘老师，这次你满意了吧。"小吴拿着试卷和成绩单，气冲冲来到刘老师的办公室诉说道。

面对这样的结果和痛苦的小吴,刘老师无言以对,只好目送着小吴从自己的办公室垂头丧气地离开。

几天后,刘老师找到了赵老师:"看来这种做法不行呀!不但让我在小吴面前颜面尽失,而且我用权威压服他,反倒让他对学习产生了厌烦情绪,人也变得不乐观了,成绩也直线下滑。我们是不是就别逼这个孩子做自己不喜欢做的事情?"

"刘老师,他是故意这样做给我们看的。你上当了。"赵老师并不同意刘老师的判断。

"不是的,这个孩子不会拿学习报复老师。"刘老师进一步劝解道,"这个月,我一直在观察这个孩子。我发现,从那天和他谈过话以后,他没有一天是开心的。因此,我感觉,这是他装不出来的,而是他的心态的真实写照。因此,这种认真听课、按时完成作业的办法,并不一定完全适合小吴。咱们得尊重孩子的习惯。"

看刘老师态度没有调和的余地,赵老师只好说:"算了。反正是你的学生。你不愿意管,我也不勉强,我只是尽心。从明天开始,这个学生我不管了,他想怎样,就怎样吧。"

与赵老师交流完了后,刘老师把小吴找到办公室,诚恳地说:"老师错了,老师不应该要求你做自己不愿意做的事情。因此,老师真诚地向你道歉。"

"老师,我不要你的道歉。本来,我觉得,你是最懂学生的老师,你不会强迫我们做自己不愿意做的事情,但这次事情让我非常难受。说句不好听的,这次,你用权威伤了我的心。"小吴说这句话时,非常难受。

"不管你接受不接受,老师都要真诚向你道歉。"刘老师心痛地说,"这个教训,老师已经吸取了。只是希望你能不计较这件事情,尽快恢复原来的学习状态,该怎样学习,就怎样学习。再有学习问题,咱们好好协商。"

"嗯,老师,我听您的。"小吴终于破涕为笑。

这个事情过了之后,小吴又恢复了往日的学习状态。

这个班主任工作中的小小插曲,也让刘老师对学生有了更多更清晰的认识。

阅读建议

建议比要求更有效

师生关系有两个层面的关联,一是老师的权威性,在中国传统文化里,师道尊严毕竟是国情所在;二是信任关系。科任老师、班主任老师与学生三者之间的互动,一定要处理好这两个关系的平衡。本案例告诫我们,即便老师对学生的批评不是那么激烈,但因为信任关系遭到冲击,会使得批评事与愿违。好老师应该在信任的基础上,灵活地使用教师权威。在批评或者向学生发出忠告时,不至于动摇彼此的信任基础。伤了学生的心,其实并不那么可怕,可怕的是,学生因此丢了独立思考的精神。

仔细分析案例中的学生对班主任和老师的要求的态度,不难发现,学生不接受两个老师的要求的原因,很可能是在赌气——你们老师合起来一起整我,我偏不这么做。教师或家长千万不能责怪学生这样思考问题。因为教师或家长没有讲清道理,不能以理服人,反而采取压制、强迫的办法,这是无法让学生信服的。教师或家长可能觉得,我们是为学生好,是想帮助学生提高他自己的学习成绩,但学生并不这么认为,原因很简单,教师或家长与学生认识问题的角度不同,没有想到一起去,不在一个逻辑起点上,而且并不一定教师或家长的要求都是正确的。

在教育过程中,很多老师和家长习惯于干预或者纠正学生的学习行为，很少用建议的办法帮助学生改进习惯。而现实情况往往是，老师或家长越想纠正学生的行为，越难以达到纠偏的效果。老师或家长往往把其归罪于学生的叛逆。其实，并非如此。如果老师或家长都用建议的方法，都能让学生感到教师或家长确实是为自己着想，学生一般情况下都会接受。当然，学生不可能接受老师或家长所有的建议，有些学生甚至可能不接受老师或家长的建议，但只要学生接受老师或家长大部分的建议或大多数学生能够接受老师或家长的建议，并改进了自己的行为，就已经非常不错了。

在现实生活中，老师或家长往往期望自己所有的建议被所有的学生都接受，这显然是不可能的。因为老师或家长的建议不一定完全适合学生，或适合所有的学生。然而，现实生活中，老师或家长对孩子的态度往往是这样的：这个要求或建议，所有的学生都要听，谁不听谁就是跟老师或家长过不去。这就违背了一个基本的常识：每个学生都是不同的，每个学生都是独特的，老师或家长的建议不一定适合每一个学生。

如果老师或家长觉得学生的某些行为确实存在严重的偏差，必须进行适当的干预，老师或家长一定要好好研究一下，而不要犯这个案例中的老师的错误。必要时，还需要请心理专业教师给予支持。在试图干预学生的行为之前，老师或家长一定要给学生讲清道理，并告诉学生继续自己的行为可能产生的后果。这样，学生一般会考虑老师或家长的建议。当然，也有例外，但即便学生暂时不愿意接受老师或家长的建议，老师或家长也不必急于解决问题，而是要等待合适的机会和时间，再给孩子提出自己的建议。那种强迫性的干预要求，非得按自己要求做的行为，老师或家长要尽量避免。

我也碰到过一个学生，只是思考问题，不写作业的过程。结果，这个孩子在考试中的计算失误比较多，成绩难以提高。后来，我给这个孩子建议，每个礼拜可以尝试认真完成一次作业，把过程和计算都做好，这样可以避免以后计算失误或解题程序不清。开始时，这个学生比较坚持，不愿意接受我的建议。后来，直到他的计算失误问题对他的成绩影响越来越大时，他才接受了我的建议，计算失误的问题也随之减少了。我还遇到过一个作业过于潦草的孩子，我的做法是，把作业退还给他，并这样对他说："对不起，我实在看不清楚，能不能写得清楚一点再交来？"我相信，只要老师或家长这样做，问题应该比较好解决。因此，有的时候，不是学生不接受教师或家长的建议，而是他们对教师或家长的建议不一定理解，或者是他们暂时还没有想明白或者还没有产生他们认为的不良后果，等他们想明白了，或者产生了不良后果时，他们就会主动接受教师或家长的建议了。

4

"乖乖仔"说，父母残害了他10年

"顺从"往往是无声的反抗

核心观点

- 家长喜欢听话、爱学习，孩子就装给家长看。
- 学生学习效率不高的根本原因就在于，他压根儿就没有认真学习。
- "要孩子还是要成绩"，这是一个很多家长必须面临的问题。
- 家长们只盯着成绩不放，不顾孩子的心理感受，不过问孩子的喜怒哀乐，可能会导致孩子对学习的厌倦情绪，只能事与愿违。
- 家长们对学习成绩好的孩子的问题置若罔闻，可能会导致其他问题的产生。
- 有些孩子"掩饰"自己的言行，装着很听话，其实，他们的目的很简单，就是不想让家长唠叨个没完没了或过多指责自己而已。

近日,与一个被众家长羡慕的、被称为"乖乖仔"的小伍和他的父亲之间进行了一次不寻常的交流:让我们看到了小伍不为人知的苦楚的另一面,以及小伍父母表面骄傲背后焦虑的另一面。

按理这个在重点名校年级排名40多位的男孩和他的父母,都应该感到非常骄傲和自豪,但事实并非如此:孩子对父母和老师的过度关注比较反感,对提高学习成绩没有多大兴趣;父母希望孩子学习效率更高、成绩更好,对孩子多有不满。

父亲先有一段开场白:"我的孩子是个乖仔,非常听话,也喜欢学习,就是学习效率不高。请你帮忙。"

旁观者的发言有点妒忌的味道:"你们就别凑热闹了,你们家儿子那么好,那么听话,别人羡慕都来不及,你们还不满意?"

但小伍却表现出不屑一顾:"听话是无奈的,不听话又能怎么样?什么事都不能做。在父母和老师眼里,似乎只有学习一件事。我就是不想学得更好,真无聊。"

面对这个开场,班主任曲老师还是有点不适应,既没有回应学霸父亲的话,也没有对旁观者的发言进行评价,而是接上了学霸的话茬儿:"是不是看书都是给家长和老师看的,表面上在看书，其实很多时候并没有投入，甚至看书时，一个字都没有看进去？"

小伍边点头边说："是的。如果我不学习，马上会面临爸爸和妈妈的双重教训：'别人家的孩子都是晚上学到半夜，周末也都在补课，咱可不能掉链子……''那么多家长和朋友羡慕爸爸、妈妈，你可不能让我们失望呀……'我能怎么办，只好装着学习了。"

面对小伍的父亲，曲老师试图劝解："该关心关心孩子的其他方面了，是不是少点管他，特别是少点关心他的学习？我相信，你给孩子适度的自主权，孩子的学习效率一定会提高。"

说完这句话，曲老师把头转向小伍。

小伍毫不掩饰地说："那是肯定的。想学习的时候，学习效率一定高。父母管住了我的身体，管不住我的心。所以我很少说话，也被大家认为性格腼腆，不爱讲话。"

一听孩子能提高效率，小伍父亲马上承认错误："我们确实对孩子的其他方面关心不够，也很少放手。从今天开始，我们马上改正。"

可是，小伍并不领情："晚了，已经来不及了。你们已经残害我10年了。"

曲老师看着小伍愤怒的样子，心里很不是滋味，试图让孩子把怨气发泄完："看来，你似乎对父母很有意见。"

没想到，小伍的反应更加强烈："不仅有意见，而且有恨。

当然，不仅包括我的父母，也包括很多老师。我的青春就是这样被毁掉的，我无法原谅。"

小伍的父亲听闻这句话，非常吃惊。旁观者也流露出不解的表情，并试图给小伍讲道理。

曲老师挥了挥手，示意父母和旁观者都不要作声，鼓励小伍把话说完，也希望小伍宣泄完后，找到突破口："有这么多仇恨？那还是借此机会都说出来。"

小伍似乎很冷静："说得再多都没用。已经过去了。不想说了。"

曲老师竖起了大拇指："这句话非常棒，因为你是个很理智的孩子，一定不会继续在这个问题上纠缠下去了。但问题是……"

还没有等曲老师把话说完，小伍就插话说："问题是无法原谅，会让父母和老师伤心的。是这个问题吧？"

看曲老师点头，小伍话锋一转："他们伤心，有人过问，我被毁掉的青春，谁来过问？"

曲老师无言以对。过了一会儿，才缓过神来："这也不能全怪你的父母和老师。我相信聪明的你一定会明白这个道理：你父母和老师都是普通人，对你的关心也是真诚的，他们的行为也是被迫的、无奈的。"

"唉！"小伍叹了口气说，"今天说出来，我就对父母和老师没有恨了——因为总算有个机会让我说话，我和他们都得面对现实。"

不知是曲老师教育孩子，还是孩子在教育曲老师，反正曲老师是被感动了："多好的孩子。我相信，你今天这番话，一定会对你父母有很大的触动，也一定会让他们有所改变。"

面对满脸委屈的父亲，曲老师鼓励他能从刚才的情绪中走出来："孩子已经原谅你了，似乎也能面对这个现实。只要你能相信孩子，给孩子一定的时间管理权，我愿意帮助孩子提高学习效率。我相信，你儿子一定会变得更加优秀。"

看父亲没有作声，曲老师继续说道："我们家长一定要在

'要孩子还是要成绩'这个选择题上,做出明智的选择。要孩子,可能成绩也会好;而只要成绩,则可能成绩不好,孩子也会走向父母的对立面。"

在旁观者的启示下,父亲连忙说:"我一定会改变自己的做法,放心。孩子,咱们从头开始吧。"

接着,曲老师又把自己的"悖论"给孩子如数家珍般说了一遍:"熟能生巧是个谎言,精做练习才能举一反三;专心听讲不一定能成为优秀学生;只听老师和家长的话,肯定不能成为优秀学生;会管理时间,才会提高效率……"说这些话的时候,孩子一直频频点头。

曲老师觉得已经到火候了,便一语双关道:"怎么样?愿意和我一起,改变现状吗?"

没等孩子发声,父亲就迫不及待地说:"愿意愿意,从今天晚上开始,我们就重新检讨自己的行为,做一个孩子喜欢的父母。"

小伍的话对曲老师而言,是很大的鼓舞:"我可以叫你老师吗?我在别人眼里,都是听话的'乖乖仔',但今天您说的,我才真正听进去了。"

说完这句话,小伍把头转向父亲:"期待有新的开始,我一定会更好的。"

……

时间过得非常快,眼看着小伍就进高三学校了。由于小伍的父母在"要孩子还是要成绩"这个问题上,做出了理智选择。小伍的成绩也越来越好,有一次竟然考到全年级的第4名,最终在高考中考到全年级第2名。

阅读建议

别让"听话"假象蒙蔽了眼睛

根据我的观察,不仅小伍,而且几乎所有在青春期的优秀孩子都不愿意做听话的"乖乖仔"。在这一点上,"小伍"们与其他学习成绩不好的孩子似乎并无二致。因为"听话"这个词并不一定是个褒义词,从某种意义上讲,"听话"是没有主见的代名词。试想,如果每个孩子都是听话的孩子,主见从何而来。引申开来,孩子们都没有自己的想法,创新能力又该怎样培养。

为什么"小伍"们不听话,大人们表现出无所谓的感觉?这是因为"小伍"们善于"伪装",或者"小伍"们虽不听话,但大人们却装着不知道。关键是,谁让"小伍们"学习好呢。有的家长甚至会对自己的孩子说,如果你的成绩好,你做了再大的错事,父母都可以理解。一定程度上讲,是家长的眼睛有意或无意被孩子"听话"的行为蒙蔽了。

很多时候,"小伍"们表面上很听话,他们内心深处却不同意大人的想法和要求。只是他们希望通过"听话"来掩饰自己的言行,以避免家长唠叨个没完没了或过多指责自己。其实,这种表里不一的行为,对"小伍"们的危害更大。因为这会容易让"小伍"们产生一种错觉:大人只喜欢成绩,而不在乎孩子的感受,与父母感情疏远或面和心不和就在所难免了。

为何学习成绩不好的孩子不听话，大人们却无法原谅呢？理由很简单，学习成绩不好的孩子把自己对家长的不满充分地表现出来了，或者大人们把这些孩子学习不好的原因简单地归结为"不听话"，从而让这些孩子们无言以对，只能以大人们认为的不听话的方式来应对大人。

"要孩子还是要成绩"这个命题的核心是，家长怎么看待孩子的学习。只盯着成绩不放，不顾孩子的心理感受，不过问孩子的喜怒哀乐，可能会引发孩子的厌学情绪，并最终导致事与愿违。简单地说，要孩子，孩子和成绩也许都能得到，即便成绩得不到，起码不至于亲子关系恶化；而要成绩，不但亲子关系会受到伤害，而且也不一定能换来好成绩。

如果家长在给孩子提出学习要求的同时，更多关注孩子其他方面的感受，家长在孩子心目中的地位将会变得更高，亲子关系会变得更好，对孩子的引导作用将会更有效地得到发挥，孩子对待学习也会更加认真。

5 从谁也说不动到开始心动

"闪光点"有助于树立后进孩子的自信心

> ### 核心观点
>
> - 孩子之所以顶撞老师或家长,是因为老师或家长根本听不进去孩子的任何解释,甚至不给孩子发言的机会。
> - 从某种程度上说,对于那些成绩 30 分以下的学生,睡觉是对老师的尊重,因为他们听不懂还要硬着头皮去听,简直就是活受罪。
> - 很多父母都希望把孩子培养成超常儿童,结果却出现了很多异常儿童。
> - 如果父母都把孩子当成正常儿童来培养,也可能会出现一些超常儿童。
> - 如果大人们都能为孩子的"错误"主动寻找理由,多一些对孩子的理解,老师和家长一定能和任何一个孩子成为朋友。
> - 当孩子们成绩不够优秀时,大人们就会怨天尤人,很少会反思自己的教育是否出现了问题。

一个被老师和家长认为"谁也说不动"的女孩子却给班主任老师说:"今天,我这个谁也说不动的学生开始心动了,也准备行动了。"

原来,在班主任和家长的恳请下,心理专家王教授答应与这个孩子见面交流,而这次交流就是孩子心动的起因。

还没有开始交流,班主任老师就告诉王教授:这个孩子有撒谎、偷懒、顶嘴、上课睡觉、不交作业、不爱问问题、喜欢打扮自己等毛病,是个谁也说不动的孩子。

见面后,这个孩子端正坐在王教授面前,双手放在腿上,表情木讷,分明是做好挨训的准备。

"你这个孩子太有礼貌了,搞得我都不好意思了。一看就是一个彬彬有礼的好学生,我喜欢。放松点,咱们聊聊天。"这是王教授的开场白。

"老师,我有很多缺点。"虽然看起来表情有点兴奋,但她的第一句话仍然让王教授感到吃惊。

"哦。承认自己有缺点,那就说明自己想改了。"王教授回应道,"再说,有的缺点,别人认为是,但不一定就是。"

"比如,我经常撒谎。"那孩子说道。

"说自己撒谎的孩子,本身不是撒谎呀。"王教授微笑着说,"你经常撒谎——这句话如果是撒谎,那说明你以前不经常撒谎。再说,给那些不撒谎就要批评你的人而言,撒谎是个保护自己的好办法。"

"我上课经常睡觉。"受到鼓励后,这个孩子继续自揭其短。

"上课听不懂,当然要睡觉了。"王教授看似轻松地说,"要是我听不懂,可能还不如你,不但要睡觉,可能还要捣蛋呢。"

"我总偷懒。"孩子继续反思自己的问题。

"学不会,当然无法完成作业,那不叫偷懒,那是没有办法。"王教授继续帮他寻找理由。

"我还不能按时交作业。"孩子进一步"爆料"。

"作业都不会,如果按时交,肯定是抄来的。说明你比较诚实。"王教授似乎越来越喜欢这个孩子了。

"可是,我虽然不会,也不喜欢问老师问题。"孩子有点沮丧。

"我是你,我也不爱问问题。"王教授试图从孩子的角度理解他,"问老师问题,老师一定会反问,你上课认真听讲了吗?你这个题目经过思考了吗?你觉得这个题目应该怎么做?……问了问题,不但得不到回答,可能还会遭到老师批评,干吗要问问题呀?"

听了这句话,孩子拼命点头。

"还有,我喜欢跟老师和家长顶嘴。"说这句话的时候,孩子完全放松下来了。

"那是因为老师和家长不理解你,批评你。当然,你会顶嘴了。"王教授微笑着自我表扬道,"今天你就没有和我顶嘴呀!"

"我还喜欢化妆,打扮自己。"女孩说这句话的时候,有点害羞。

"爱美之心人皆有之。在别人眼里,没有优点的女孩子,再不喜欢化妆,那就真的,什么都不是了。"王教授鼓励道,"不过,化妆不要太浓更好,因为化妆太浓了,就显示不了你这个如花似月的孩子的天然美了,而且化妆品是化学品,有些会对皮肤造成不好的影响。"

……

打开了话匣子,教授和孩子之间越说越有共同语言。

"我觉得,你是一个很聪明的孩子,也一定想成为一个优秀的孩子。怎么样,如果想变成一个优秀的孩子,我来帮你。"看快到火候了,王教授试探道。

"我当然想成为一个优秀的孩子,谁不想成为优秀孩子呀!"孩子的眼睛里充满渴望的泪花。

"如果你觉得我可以帮助你,咱们从今天起开始改变自己。如何?"见孩子动心了,王教授进一步试探道。

"嗯,一定。"虽然孩子的声音很低,但语气很坚定。

接着,王教授又说了几个简单的改变自己的方法,一个多小时的谈话就这样结束了。

正是因为王教授打开了孩子的心扉,才有了本文开头的一幕。

天下本无"熊孩子"

不知这个孩子会不会由心动继而真正变为行动？但我相信，她的心动是真诚的。只要能在老师和家长的持续鼓励下，她也一定会从心动变为行动，因为她终于找回了自尊。

天下本无"熊孩子"，是因为家长和教师的教育不当，才导致了大量的"熊孩子"。正如中国家庭教育学会副会长傅国亮先生所言，我们的父母都想把自己的孩子培养成超常儿童，结果却产生了异常儿童。如果我们的父母都把孩子当成正常儿童来培养，也可能会出现一些超常儿童。"熊孩子"之所以越来越多，是因为我们的家长甚至一些老师不能遵循教育的基本规律，对孩子其他方面的事情不闻不问，眼里只有学习这一件事，而当孩子们成绩不够优秀时，则会怨天尤人，很少会反思自己的教育是否出现了问题。

对于学习成绩不好的孩子而言，树立自信心尤为重要。而树立自信心，必须先从内心深处认同这个孩子，找到这个孩子的优点，让孩子自信地面对自己和别人，然后，再通过孩子优势方面的进步与变化，进一步提高孩子的能力和主动性，再逐渐让孩子把对自己的肯定迁移到学习上来，有可能会提高学习成绩。即便不能大幅提高学习成绩，培养孩子拥有更加阳光自信的品质也是好事。

每一个孩子都想成为最优秀的孩子,只不过那些被老师、同学瞧不起的孩子不敢说出这样的梦想。如果老师和家长都能为孩子的"错误"主动辩解,多一些对孩子的理解,多发现这些孩子的闪光点,让他们找到存在感,老师和家长一定能和孩子成为朋友。真诚祝愿老师和家长都能唤醒每个孩子内心深处向往成为优秀孩子的潜在欲望。

第二章

换个角度：
犯错是重要的教育资源

对于每一个中学生而言，犯错几乎是不可避免的。因此，如何对待犯错的孩子，就成了家长或者老师教育能力高下的分水岭：把孩子犯错当成教育资源，就会欣然接受孩子的错误，并帮助孩子找到犯错的原因，进而帮助孩子改正错误。

6

N 次迟到，找 N+1 次理由

引导孩子不断强化自我纠错机制

核心观点

- 孩子闯祸时，不是编瞎话，就是找借口——不论什么错误，都有理由。这就等于把球踢到了大人一边。大人如果不冷静，会被孩子的狡辩弄得一肚子火。
- 面对孩子们常犯的小毛病，与其想办法把握批评的手法和尺度，不如想办法让孩子忏悔自己的行为，进而自我改正。
- 最容易让别人做事情的方式，要么是让这个人对安排做事的人有愧疚感，要么是让这个人对不做这件事有愧疚感。
- 孩子是这么思考问题的：我错了，老师或家长已经批评教育过我了，咱俩就扯平了。反之，如果孩子错了，老师或家长不批评孩子，难受的反倒可能是孩子。
- 老师或家长为孩子犯小错找理由，让孩子在不断地自我反省中，逐渐形成自我纠错机制，不失为一种推进自我教育的有效途径。
- 孩子"扯谎"掩饰错误的积极意义——表明孩子知道自己的行为是错的。这个时候，家长或老师就不用再教育孩子了，因为教育的目的就是让孩子认识到错误，并改正错误。

小秦是个大错不犯、小错不断的"调皮鬼"。遇到这样的学生,一般的班主任老师都会感到很头疼。上了小学五年级后,小秦的这个毛病不但没有改善,而且进一步放大。尤其是上学迟到这个毛病更是家常便饭,使得小秦一到初中就成了班级和学校出名的"迟到大王"。然而,小秦上中学的第一个班主任凌老师,对待小秦犯错误的态度,却不像以前的班主任那样:每当小秦迟到时,就狠狠批评小秦一顿。而是,每次小秦迟到时,凌老师都会找到合理的理由来宽容小秦。

第一次迟到,凌老师看到小秦后,微笑着说:"小秦,我看你的眼圈很黑,是不是昨天晚上睡得太晚了?以后不要睡得那么晚呀,睡得晚了对身体不好。如果你不能控制自己,要不要我提醒爸爸妈妈帮助你呀?""不用,下次我会早睡的。"小秦低头说道。

第二次迟到,凌老师摸着小秦的头说:"孩子,好像你的温度有点高,是不是昨晚睡觉不小心着凉了?要不要我帮你找校医看看呀?""老师,没事,我感冒发烧不是很厉害,很快就会好的。"说完,小秦就不好意思地跑开了。

第三次迟到,凌老师又换了个说法:"昨天下午,好像你爸妈给我发短信请假,说是要带你去给姥爷过生日早走一会儿。该不是在姥爷家过生日太兴奋了,又要完成那么多作业,让你睡晚了?其实,以后如果碰到这种事情,给老师说一声,老师会告诉其他老师你的情况,允许你当天不完成作业的。""老师再遇到这种事情,我会提醒爸爸妈妈早点带我回家,这样就不会睡得太晚了。"这样的回应让凌老师看到了小秦进步的希望。

第四次迟到,凌老师是这样说的:"昨天晚上很多家长告诉我,今天各科作业'撞车'了,同学们都有点吃不消呀,要求我告诉老师们,协调好各科作业的数量。我没有接到你父母的短信或电话,是不是你坚持要完成作业,才没有睡好呀?""哦,原来不是我一个人觉得作业多,全班同学都完成得很晚呀。"小秦说这句话时显得非常不自在。

第五次迟到,凌老师又有了新的理由:"今天早上,班上有同学告诉我,你昨天去他家和他一起讨论今天的学习任务,直到很晚才回家。太晚了回家不好,走夜路不安全,万一遇到什么坏人就更麻烦了。再说,回家晚了,爸爸妈妈也着急呀。因此,答应老师,以后不管是什么事情,都要尽早回家。""好的,好的。我以后一定早点回家,不让家长和老师担心。"看得出来,小秦是在应付凌老师。

开学第一周5天5次迟到,凌老师没有对小秦抱怨一句,这让小秦觉得有点对不住凌老师的感觉。于是,小秦下决心第二周的第一天不迟到,以便让凌老师感到,老师的宽容已经给自己带来了变化和进步。

可能是习惯问题吧,第二周的星期一,小秦还是比上学规定的时间晚了几分钟,虽然小秦已经是气喘吁吁地跑着来到学校的。看到小秦的微小变化,凌老师增添了解决小秦这个问题的动力:"小秦,别那么急匆匆地跑呀!下次慢点跑好不好?万一摔倒了怎么办?迟到几分钟没有关系的,老师会理解你的。""老师,你别宽容我了,也别再给我找理由了,我迟到没有任何原因,就是这个习惯,狗改不了吃屎,没有办法,我对自己都没有信心了。"原以为小秦会善意回应,凌老师没想到,小秦会说出这样的话来。

由于已经到上课时间了,加上小秦的心情似乎不大好,凌老师也一时找不到应对之策,凌老师只好让小秦回到座位上。

第二周的后 4 天，小秦又恢复了老样子，天天迟到，而且不再跑着到学校了。见了凌老师也躲着走，不给凌老师交流的机会。

无奈之下，凌老师只好用手机给小秦每天发短信，而且每天给小秦的迟到理由都不一样：

"昨天班级篮球队比赛了，影响了你休息的时间。迟到很正常。"

"今天早上天气有雾霾，公交车开得慢，你家又离学校较远，让你来晚了。没有关系。"

"昨天放学前，你找数学老师问问题了，回家较晚，态度可嘉。可能影响你完成作业，甚至影响你休息了。迟到就很正常了。"

"你爸爸妈妈给我短信了，说今天早上他们给你做早餐的时间晚了点，耽误了你去学校的时间，老师不怪你。"

就这样，连续 3 周，凌老师每天都或者通过短信或者当面说给小秦，帮助小秦找不同的理由。此前，凌老师也给班干部做了解释，希望班干部给小秦时间自我反省，不要公布小秦的迟到，也不要批评小秦。

第四周星期一，小秦又迟到了，加上开学第一天报到迟到，这是开学后，小秦第 17 次迟到。看到凌老师正想说点什么，小秦扑哧一声笑了出来："老师，现在给我找理由很难了吧？我一直在想，凌老师会帮我找理由找到什么时候。原来，连凌老师这么聪明的人也有词穷的时候呀！"

"老师不是给你找理由，是希望你能自己觉醒……"

"好了，从今天开始，你不用再找理由了。我不会再迟到了，因为你每次找理由替我解围，都让我痛苦万分。这3周的时间，对我来说，绝对是个折磨。这种折磨比直接批评我，更让我痛苦。在这个过程中，我也充分体谅到老师的良苦用心。"小秦说起自己内心的感受时，眼眶里全是泪水，"你不但让我无地自容，而且还让我改掉了不完成作业、不尊重老人等习惯。比如，你说我迟到是因为要按时完成作业，休息晚了，我当天就得抽课余时间把前一天晚上没有完成的作业补起来；再比如，你说我到姥爷家祝寿去了，还表扬我孝顺老人，实际上，我那天没有去，只好周日去给姥爷道歉，还要编谎话说自己那天没有去的原因。"

此后，小秦说到做到，再也不迟到了，其他小毛病也基本得到了纠正，成为一个真正的好学生。

看到了小秦的变化，凌老师感慨万千，在自己的教学反思中写下了这样一段话："孩子迟到N次，我给他找N+1次理由。我就是要通过自己对孩子的反复宽容，让孩子体会到自己的良苦用心，慢慢认识到自己的错误，自我纠正。"

阅读建议

撒谎掩饰错误，说明孩子知错了

老师为学生犯小错找理由，让学生在不断的自我反省中，逐渐形成自我纠错机制，不失为一种有效地推进自我教育的途径，值得家长和老师在教育实践中举一反三，学以致用。

日常工作中，老师批评教育学生时，学生一般都会找各种理由进行辩解。有时候，甚至还会编瞎话来蒙骗老师，或暗示这件事与自己无关，或设法把自己犯错的原因推到别人身上，或告诉老师自己是不得已而为之，或掩饰自己的行为，或尽量降低错误的严重程度等。总之，学生扯谎的目的是，不想让老师严厉批评自己，或者把家长找到学校来。在很多老师看来，犯错不可怕，可怕的是犯了错还不承认自己的错误。但凡事情反过来一想，可能效果会完全不一样。

我觉得，学生扯谎虽然不是好事，但也有积极意义。那就是学生掩饰自己的错误行为，起码表明学生知道这个行为是不正确的。教育的目的之一，不就是让学生认识自己的错误吗，既然扯谎就表明学生知道自己错了，那我们是不是就不用再教育了？当然，可能有人会说，批评教育不仅仅是要让学生认识到自己的错误，而且还要让学生说出改正错误的具体措施。

问题是，如果学生扯谎，老师或家长又找不到"证据"来证明学生在扯谎（很多时候，这种证据是很难找到的），就势必会因为老师或家长碍于面子，引起师生间或亲子间的争执，甚至发生学生顶撞老师或家长的现象。如果这样，不但起不到教育的效果，而且还会使学生犯错的程度升级。与其这样，还不如不要"刨根到底"，即别让学生当面承认错误，并说出自己改正错误的具体举措。其实，老师或家长都明白，即便学生迫于权威，答应采取各种措施不再犯类似的错误，那也是为了逃避更严厉的批评或没完没了的说教，而且他们也未必能说到做到，因为他们心里并没有想明白。

换一种做法，效果完全不同——相信学生扯谎不是恶意的。因为学生既然通过扯谎表达自己潜意识里认识到自己错了，而只要学生认识到自己的行为错了，学生就会想办法去改正。当然，相信学生扯谎是有道理的，有时可能会导致学生认为老师或家长"蠢"（连自己扯谎都分辨不清——其实是老师不想分辨清楚也无法分辨清楚，学生很可能认为是老师或家长蠢）的错觉，但这种"蠢"（我觉得，其实这是大智若愚——不为小事过分与学生计较）一定会产生不教而教的效果。因为教师或家长的后续行为，会让学生感受到教师或家长对自己的宽容。做到这一点，对教师或家长来说，应该不是难事。

"走,一起去揍他!"

先让孩子把委屈说出来,孩子才能接受你的建议

核心观点

- 少年中的恶行绝大多数与不顾及他人感受有关——行为恶劣的人,看上去是外在的行为,其实是心灵有了污点。
- 关于孩子的行为,西方国家不是"非对即错"的二元判断论,而是"倡导、必须、反对、禁止"的四元判断论。
- 对于倡导的行为,孩子不做是没有错误的。而对于反对的行为,孩子做了,则是可以原谅的。
- 家长和老师应该反思对孩子行为的要求:因为必须和禁止的要求太多了,所以必须的做不到,禁止的才禁不住。
- 如果孩子受了委屈,家长不能保护他,还要抱怨、批评他,那么家长的爱则要打一个大大的问号。
- 既然孩子把老师当成了"自己人",老师就应该表现出自己本来的样子。

林老师处理学生问题的方法非常特别，而且每次都能收到不错的效果。下面他处理的这个打架事件，就具有很强的典型性。

这是林老师担任高一某班班主任的第三天。

这天下午一上班，一个男孩就哭着跑到他的办公室。还没有等林老师问话，他就哭哭啼啼地说："老师，我被高三某班的一个同学打了，老师你得帮我出出气呀！"一上任，班上同学还没有认完，就遇到被其他班同学欺负的事情，让林老师非常不爽。

"孬种，你是个男孩，就知道哭。"林老师看到自己的学生被人打了，又气愤又心疼，"走，喊上班上10来个男生，每人准备一个棍子，跟老师一起揍那个家伙去。先让他们到老师门前集合。"

这个男孩听完后，立即破涕为笑："好呀！老师，我这就喊人去。"

说完一路小跑，到教室喊同学去了。

说实话，林老师说完这句话后也有点后怕。但考虑到不同年级不同班级打架比较难处理的实际情况，再加上，自己话已出口，林老师只好硬着头皮去做。

还没有等林老师想清楚，班上10来个男生已经人手一根棍子，来到了林老师的办公室门口。

"同学们，今天我们班同学被人欺负了。大家说该怎么办？"林老师大声问。

"以牙还牙，揍他。"一个男孩子说。

"好。但老师有一个要求，就是必须听从老师的指挥。不听指挥，谁出了问题，谁就得接受学校的处分。"林老师希望能亡羊补牢，避免事态扩大化。

"好，我们听老师的。"大家异口同声。

说完，林老师领着这群人来到那个打本班同学的班级教室门口，对着这个班级的学生喊道："刚才，这个班哪个同学打我们班的同学了？男子汉大丈夫敢作敢为。请你站出来。"

看这个架势，那个打人的男孩吓得钻到了课桌底下。

"真是孬种，有本事出来，钻到课桌底下干吗？"既然目的已经达到，林老师决定收兵，"既然你已经认输了，我们就不揍你了。但是，我要警告你和那些爱打架，特别是打我们班同学的同学，再胆敢欺负我们班同学，可要小心点啦，下次绝不轻饶。"

但见那个挨打的同学颇有点得意，那神奇仿佛是说："哼，看你们还敢欺负我不？我有老师保护！"

既然已经达到了预期的目的，林老师便手一挥，本班的十几名男同学就哗啦啦地跟着林老师走回了自己的教室。

这个行为让林老师班级调皮的男生威风大涨。在回班级的路上，个个神采飞扬，好像比学习成绩得了第一名还开心，纷纷议论道：

"咱们老师太厉害了，真把我们当哥们儿。"

"今天真解气，看看以后高年级同学谁还敢欺负我们。"

"林老师这么给力，以后咱们可要服从管理，不能让他为难。"

……

"事情还没有完，你跟我去办公室。"林老师边走边对那个被打的同学说。

"没问题。"林老师给自己出了气,这个男同学心情好极了。

"老师,我不难受了,你放心。"到了办公室后,被打的男同学关上门,笑眯眯地对林老师说。

这个被打的男孩原以为到办公室,林老师还会继续安慰他。可是,这个同学没有想到的是,林老师的神情变得非常严肃。还没等这个学生反应过来,"啪",林老师狠狠地拍了一下桌子,指着他厉声说道:"你以为这样做就完事了,还想让我安慰你吗?人家为啥不打别人?啊?分明是你小子做了不该做的事情。"

看这个学生要解释,林老师立即予以制止,根本不给他说话的机会:"你的解释我不想听,自己好好反思。但你小子记着,今后,再被人打了,看我怎么收拾你!"

"老师,别生气。都是我不好。不会有下次了,我一定给你长脸!"被打的男生做了个保证的手势。

"别贫嘴了,看你的行动吧。"还没等挨打的同学说完,林老师手一挥,示意那个男孩子快点离开。

稍事片刻,林老师感到事情没有处理完。考虑到本班接下来是每周一次的班会课时间,林老师匆匆走进班级教室,对着全班同学开诚布公地说:"今天这件事情,所有同学都要反思。虽然我对我的学生被人欺负,感到非常愤怒,但我也是一个讲道理的人,被人打总是因为自己有做得不对的地方,因此，被打的同学要深刻反思自己的问题，做好在全班面前检查的准备。其他同学也要引以为戒，不要主动惹事，避免打架事件的再次发生。如果班上再有被人打的同学，我一定会让这个同学先反思检查。好了，今天的班会课，希望大家在班长的组织下，好好讨论一下这件事，提出解决问题的具体措施。"

后来，班会课在班长的组织下，围绕这个问题展开了深入讨论，同学们在这个事件上也取得了一致看法。

这件事发生后，其他班的同学都私下里传这样一句话："可别惹那个班的同学，惹了不得了。"也许是这件事的警示作用，也许是班会课上同学的共识对班级同学有了约束力，此后，很少出现别的班级同学打林老师班级同学的事情发生，林老师班级的打架事件也几乎杜绝了。

事后，校长找林老师谈话，严肃批评了他的莽撞行为。林老师认错的同时，对校长说了这样一段耐人寻味的话："那天，看到学生被打，我心里很难受，所以有点冲动，非常不应该，因此向校长表示歉意，辜负了校长的信任和栽培。但说实话，看见自己的学生被打、被欺负，就像自己的孩子或兄弟被人打了以后的感觉，那种心情和态度，我相信，您是能够理解的。我觉得，如果把学生当成自己的兄弟姐妹或儿女，遇到学生受了委屈等类似的事情，老师一定要有这种愤怒、气愤的感觉，这种感觉是发自内心的，是真实的、自然的，是对学生的真切关心。我相信,教师的这种感觉会传导给学生,一定会有助于建立密切的师生关系,同时,也会对教育、改变学生大有裨益。"

听闻林老师如此解释,校长也舒了一口气,对林老师的教育思路赞不绝口。

阅读建议

做孩子的精神领袖

这个案例的典型意义不在于"以黑治黑",而在于林老师的那句话:"如果把学生当成自己的兄弟姐妹或儿女,遇到学生受了委屈等类似的事情,老师一定要有这种愤怒、气愤的感觉,这种感觉是发自内心的,是真实的、自然的,是对学生的真切关心。我相信,教师的这种感觉会传导给学生,一定会有助于建立密切的师生关系,同时,也会对教育、改变学生大有裨益。"我们经常说,要爱学生,但是怎么爱学生,却大有文章。如果学生受了委屈,老师和家长不能保护他,不能把他的气顺过来,还要去抱怨、批评他,学生怎么能感受到老师和家长的爱呢?当然,是否一定要用这种方法去解决问题,则另当别论。

对发生在学生身上的事情有没有感同身受,能不能走进学生的内心世界,会不会把他们的喜怒哀乐、衣食住行挂在自己心上,则体现了老师和家长对爱的理解的深刻程度。很多时候,教师对那些看似调皮的学生有一种天然的讨厌心态。按照林老师的说法,如果这个调皮的孩子是自己的兄弟姐妹或儿女,老师一定会在"哀其不幸、怒其不争"的同时,采取各种方法来帮助孩子解决问题。

我曾经举过一个例子,也能说明这个问题。当一个优秀生和

"差生"问老师同一个问题时,很多老师的态度是不一样的。优秀生问老师问题时,老师会从反思自己的角度理解学生:可能是自己上课没有讲明白。于是,老师会耐心细致地给学生再讲一次。而当"差生"问这个问题时,老师心里会产生这样的想法:这个家伙上课肯定没有认真听讲。这个时候,即便老师重新给"差生"讲一次,也与对优秀生的态度不一样。同样地,优秀生和"差生"犯了同样的错误,很多老师的内心想法也会截然不同:优秀生是迫不得已,"差生"是故意作对。这种先入为主的看法,老师即便再怎么掩饰,也会在行动上表现出来。久而久之,"差生"对老师的这个态度必然心知肚明,他们怎么会觉得老师爱自己呢?

如果自己的孩子学习不好,遇到孩子犯了错误时,很多家长内心深处也会这样想当然地思考问题:肯定是这小子又故意捣蛋。以这样的心态思考问题,即便听孩子的解释,内心也不会相信自己的孩子,训斥、批评孩子更是在所难免。试想,这样的家长能赢得孩子的尊重吗?当然,也有不少家长一味地迁就孩子的行为。但从实际情况看,前一种家长更多,这就难免造成所谓"差生"的破罐子破摔——家庭和学校谁也不相信自己,谁也不喜欢自己,自己哪里还有出路呀!

为什么林老师对挨打的学生拍桌子、大声训斥甚至说难听的字眼,这个学生还依然表现出很温顺的样子?我觉得,根本原因在于,老师对学生的爱,学生是能真正感受到的。学生也会把老师当成"自己人"。既然是自己人,真实的感受是什么就表现出什么,不要说态度不好,就是训斥两句、说难听的话又有什么不能接受的?老师也是人,是人就会有喜怒哀乐,就会有脾气。试想,如果林老师一开始就批评这个挨打的学生，就给他拍桌子、说难听的话，这个学生还会这样顺从吗？

我有一个非常优秀的教师朋友曾说过这样一件事。一个他曾严厉批评过的学生在 30 年后的一次聚会上，与他交流时，小心翼翼地问道："老师，当年你那么生气，狠狠批评我，我当时接受了，也始终认为不是老师错怪了我，但直到现在也没有想明白的是，自己究竟错在哪里。虽然这件事已经过去这么多年了，我想解开这个困扰心头的谜团。事先申明一点，我绝不是想找老师翻旧账，没有那个意思，老师一定不要误会。"这个事例再次说明，当学生认为老师和学生是"一伙儿"的时候，学生一定会无条件地相信老师。

8

"爸爸，我彻底戒掉网瘾了！"

节制而不是限制上网，就有可能消除网瘾

核心观点

- 孩子的契约精神不是先天带来的，也不是后天无中生有的，而是游戏教给他们的。
- 上网问题，只会越限制越严重。与其这样，还不如和孩子协商确定节制上网的办法。
- 小问题不闻不问，等发展成大问题了，家长和老师再来想办法、找对策，不是不能解决问题，但确实要费很大的周折。
- 没有青春反叛期，没有网恋，不抽烟吸毒，也不贪玩电脑游戏——要使这些行为都不存在，家长要用各种手段把其消灭在萌芽状态。
- 辱骂老师的孩子需要尊重吗？如果追问这个问题，也许家长和老师会认同这样一个观点：尊重孩子应该是无条件的。
- 与其说很多家长尊重孩子，不如说他们只是给了孩子生命，却不了解孩子的内心世界，更谈不上尊重孩子。

网瘾是很多家长关注的话题，董老师关于"网瘾"治疗的办法似乎别出心裁。

戒"网瘾"缘于一次有意义的家长交流。

"关于上网，我想谈谈自己的看法。我的孩子也上网玩游戏，但学习成绩也很好。他自己已经养成了良好的习惯。这个习惯是从他开始上网时就养成的。当时，我这样想，限制他上网玩游戏，他就会去网吧玩。因此，我没有刻意限制他玩游戏，而是和他一起玩益智游戏。当然，我们会控制时间。在上网的同时，我也和他讨论问题，教育孩子如何判断是非曲直。经过一段时间后，孩子不但养成了良好习惯，而且还学到了很多东西。"家长王先生显然不同意大家对网络一边倒的看法。

"我的孩子原来也喜欢玩电脑动画游戏，后来，我请了一个动漫方面的专家，给他专门讲动漫知识，他非常感兴趣，希望以后能在动漫方面有所发展。后来，这个专家告诉他，要想在动漫方面有所发展，必须学好数学、物理以及美术等方面的知识，还要进入大学学习有关计算机程序方面的知识。这时，我们趁热打铁，告诉孩子要想玩得更好，成为专家，得打好基础，学好功课。后来，孩子对学习的态度发生了很大变化。现在作业也能认真完成，成绩也比以前好多了。"家长郑女士给大家讲了一个成功转变网瘾孩子的案例。

"问题是，我的孩子以前没有养成好习惯，对动漫也没有兴趣，这该怎么办呀？"家长何小姐显得有点无奈。

"我在市心理咨询中心工作，对儿童上网有比较深入的研究。这里，我想和各位家长交流交流看法。"大家循着声音，不约而同地把目光盯在了坐在教室后面的一个戴眼镜的中年男子身上。

只见这位心理专家缓缓站了起来，娓娓道来："首先，网络不是洪水猛兽。网络有有害的一面，比如，孩子可能会耽误很多学习时间，甚至影响正常学习，可能会使孩子沉溺于网络不能自拔，也可能导致孩子上网交友不慎，上当受骗。这

方面的例子比比皆是。家长的担心不是没有道理的。但网络也有有利的一面，比如，网络上有海量的信息，能够丰富我们的学习，也可以让孩子们学会搜索资料等。其次，网络作为一种现代交流方式，已经融入我们的学习、工作、生活中，深刻地改变着我们的时空观、生活观。从一定意义上说，我们已经不能离开网络了。因此，完全限制上网是不可能的。考虑到网络的两面性，家长必须充分发挥网络有利的一面，限制网络不利的一面，和孩子们共同面对网络。"

"专家说得容易，做起来谈何容易呀？你能不能具体指导如何对待孩子上网的问题？"家长何小姐问道。

"我曾经和一位家长商讨过关于上网时间的问题，把这个案例告诉大家，供大家参考。我建议他，不要刻意限制上网时间，而是从正面提出自己的要求，和孩子协商，比如，一要认真、高质量完成作业，二要保证足够的睡眠时间，在此前提下，上网时间不受限制。后来，他这样做了，效果很好。实际上收到了限制上网的效果。"专家煞有介事地说。

"要是孩子不听呢？"何小姐接着问道。

"我认为，你这样做，孩子知道你尊重了他的需求，一般情况下，他是不会不听家长的建议的。当然，也有例外。就是遇到特别不讲理的孩子怎么办？那你告诉他，如果这样，我一分钟也不让你上网，而且我会从经济上限制你，不让你有在外边上网的机会。他会做出判断，是按照家长的合理要求去做呢，还是蛮不讲道理冒险呢？我想，一般情况下，孩子会懂道理的。"心理专家耐心地解释道，"当然，你首先得判断，你的要求是不是合理的。如果你的孩子学习基础差，根本完不成学习任务，你提出这样的要求就不符合他的实际，就相对来说是不合理了。"

"遇到你说的这种情况，怎么办？"何小姐紧追不舍。

"这似乎与限制上网的问题关系不是很大。我的建议是，先降低学习要求，然后和老师商量，想办法帮助孩子，通过补习，解决基础知识问题。这方面董老师更有办法，好像刚才也讨论过了。我就不多说了。"专家摇了摇头，苦笑着说道。

董老师接着说道："何小姐，你不妨试一试，也许会有办法。要不我和孩子沟通一下？"

"那当然好。"何小姐喜出望外。

接着，当天晚上，董老师来到何小姐家，与孩子进行交流。

"孩子，你现在已经初二了，上网时间过长，影响学习是有问题的。"董老师开门见山。

"我要上网，不上网不行呀！"孩子说。

"上网不是不允许，而是要有节制。怎么节制呢？就是时间要有限制，不能把所有的时间都上网。"董老师接着说。

"好吧，那你说多长时间。"孩子似乎接受了老师的建议。

"你认为需要多长时间？"董老师反问道，"前提是，你说的时间不能太长。"

孩子想了好久后说道:"3个小时如何?"

从每天6个小时一下子缩短到3个小时,董老师听了后特别高兴,但仍然没有达到预期的目的。于是,董老师试探着说道:"3个小时恐怕不行。我们不妨计算一下时间:你每天6点回家,7点吃完饭,你上网3个小时就到10点了,10点以后你哪里还有时间完成学习任务呀?"

"我一个小时就能完成作业。"孩子满不在乎地说。

"恐怕你一个小时完成不了,你要是一个小时能完成,3个小时上网没有问题,要不今天晚上试试?"董老师试探道。

"要是我2个小时完成呢?"孩子做了让步。

"2个小时完成,3个小时上网,那就到12点了。那不行,为什么不行?因为你这个年龄段的孩子,每天必须睡够七八个小时,11点前睡觉。否则,作为监护人,家长就失职了。"

"我要是2个小时能完成作业,就可以上网2个小时?是这个意思吗?"孩子追问。

"当然可以。问题是你必须有效完成作业。要不这样,你先完成作业,留下的时间,到11点前你都可以上网。"董老师提出了一个新的建议。

"好吧。"孩子勉强答应道。

"你知道认真完成作业的含义吗?"董老师补充说道,"认真完成作业,就是每次作业的错误率不能超过10%,如果你能做到，我们就达成协议。如何？"

"我想是可以的。"孩子不假思索地说。

"如果你作业的效率达不到怎么办？"董老师接着问。

"做不到就改。"孩子随意说。

"这不等于没有说吗？"董老师反驳。

"那你说怎么办就怎么办。"孩子把皮球踢给了老师。

"如果做不到，第二天就不能上网。"董老师给出了建议。

"这恐怕不行。"孩子似乎不乐意。

"条件是你能认真并且有效完成作业，但你现在做不到，还不能惩罚，这样不合适。"董老师解释道。

"好吧，那我试一下。"孩子终于同意啦。

"人生可以试吗？说到必须做到。"董老师坚定地说。

最终，孩子与老师达成一致意见。

后来，孩子每天只有一个小时在上网。因为她每天要按时认真完成作业，必须学习3个小时。再后来，随着时间的推移，孩子的学习慢慢好了，上网的时间也逐渐减少。

阅读建议

自律是走向成熟的标志

当教师难,当家长难,教育工作最难做,也最有意义。这个案例的精妙之处,就在于化难为易。如何化难为易,除了上面所说的,要充分运用契约精神,对违规行为适当进行处罚,强化自我教育,抓小抓紧,防微杜渐以外,我觉得,还有一个关键词,那就是尊重。

有人说,尊重是对那些值得尊重的人而言的;也有人说,尊重是相互的,要想让教师和家长尊重学生,学生首先必须尊重教师和家长。我的观点有点不一样,对学生的尊重应该是无条件的。只有教师和家长先尊重学生,学生才懂得如何尊重教师和家长。对这个观点,反对的声音肯定会非常强烈,极端的例子是,那些辱骂教师、顶撞家长的学生还需要尊重吗?猛听起来,这种学生是不应该尊重的,但如果对这个问题进行追问,也许大家会认同我的观点。我们不妨这样思考问题,为什么学生会侮辱教师、顶撞家长?难道这个学生天生就对教师和家长有成见或者有仇恨?如果大家认同答案是否定的。那么,教师和家长就应该反思自己对这个学生的教育。反思的结论无外乎有以下几点:教师和家长没有走进学生的心灵深处;对学生的要求太高或不合理;处理学生违纪的方式不慎重;只看到学生的问题,而没有看到学生的闪光点等。

说到这里，可能家长会说，我们对孩子的尊重是无条件的，而孩子未必就尊重家长。要不然，为什么会有那么多的孩子顶撞父母，不听家长的话？我觉得，孩子顶撞父母，说明父母与孩子的沟通有问题，或者说是，长期以来，父母没有做到尊重两个字；孩子不听家长的话，说明家长与孩子之间有隔阂，或者说，家长从来没有倾听孩子的心声，只是一味地要求孩子服从。说到底，家长自以为尊重孩子，其实只是做到了生养孩子的责任，或者说，只是给了孩子生命或提供衣食住行，而根本不懂孩子的内心，更谈不上尊重孩子。

没有缺点的学生是不存在的。即便是那些所谓的"全优生"也会出现问题，只是问题的数量、类别和表现形式不同而已。对待学生缺点或错误的态度，是教师专业能力强弱的试金石，也是家长是否尊重孩子的试金石。只要教师和家长从内心深处尊重学生、宽容学生、热爱学生，学生就一定会喜爱、崇敬教师，也一定会尊重家长、体谅家长。还是那句话，态度决定一切。

9 "卡拉OK王"的觉醒

孩子不接受，任何约束都很难发挥作用

核心观点

- 对未成年人来说，理财教育的主要目的就在于让孩子认识金钱的来之不易，并逐渐形成珍惜金钱、热爱劳动、尊重劳动者的良好品质。对此，家长应该高度重视。
- 家长要教育孩子学会节俭式消费，孩子就会逐渐成为一个自食其力的人。
- 孩子对家庭本身是有责任的。如果孩子没有做自己该做的事情，就要接受惩罚——这周没有零花钱。
- 家长要教育孩子，不要把金钱看得特别重，而要把钱当作一个可以购买快乐的渠道——我拥有钱，是因为我有一天要花出去；我之所以每周要拿钱，是因为我要存钱做更大的事情。
- 孩子不能自控的原因是，家长对金钱的放任以及对孩子的溺爱。
- 让孩子参与制订家庭财务收支计划，就能让孩子学会量入为出，计划用钱。

小黎的父母谈起这个女儿就头疼,因为读了初中后,小黎除了学习不努力,作业不按时完成以外,还多了一个"毛病"——喜欢唱卡拉OK了,而且自从有了这个爱好后,几乎每天晚上都去吼两嗓子。

一个周六晚上,小黎凌晨两点才从卡拉OK回来。这下把小黎的父母急坏了。无奈之下,小黎的父母求教于自己的一个教育界朋友,请求这个朋友帮助解决这个问题。在了解了孩子的情况后,这个朋友对小黎问题形成的原因有了一个比较清晰的认识:小黎的零花钱过多,家长不能有效控制。根据这个情况,朋友帮小黎爸爸出了一个解决问题的方案,并叮嘱小黎父亲要想解决孩子的问题,就必须改变处理问题的方式,与孩子做朋友,然后,再把方案的内容确实落到实处。

第二天,小黎父亲按照朋友介绍的办法,要求小黎进行交流。由于小黎父亲平时比较严肃,言语也不多,小黎对父亲多少有点畏惧感,因此,小黎像平时一样,毕恭毕敬来到父亲面前,准备接受父亲的训导。

"别那么紧张,爸爸想跟你好好聊聊。"小黎的父亲一改常态,"你已经上初中了,已经是中学生了。因此,爸爸以后不会再居高临下教训你了,以后咱们以朋友的身份进行交流,你有什么想法都可以谈。"

"朋友？"小黎听到这个词有点诧异，"您真的不会再训斥我了吧？真的愿意与我交流？"

"当然，爸爸什么时候骗过你。"小黎父亲说这句话时很平静，"咱们言归正传，今天主要讨论怎么解决天天唱卡拉OK的问题。本来，我不想与你谈这个事情，但周六的事情发生后，我觉得，再不解决这个问题，就会失控了。"

"啊？原来是谈这个问题。"小黎听完后自言自语道，之后，看了一下父亲，试探道，"要是我不想谈呢？您刚才说过，咱们现在是朋友。既然是朋友，讨论什么话题，就得两个人商量着来。"

"呵呵，你倒是用得很快。"小黎父亲微笑着说，"朋友没错，但我还是监护人呀，有双重身份。作为监护人，我有权选择话题。当然，交流可以以朋友的身份来进行。

"我思考了很久，你唱卡拉OK比较多的原因很简单，主要是零花钱太多了。我有必要规范一下你的零花钱。"见小黎对谈论这个话题采取默许的态度，小黎父亲紧接着说，"你的零花钱都是我们给的，因此有必要询问你零花钱的用途，并对不必要的花费进行限制。你先说说，你每周都要用到哪些零花钱？一项一项说，而且必须说清楚。"

"每周需要520元。"小黎想了想说，"先说每周固定消费，与同学聚餐一次60元，看电影一次30元，卡拉OK200元，

购买学习用具50元,电话费50元。再说每天买两瓶矿泉水或饮料,一周10瓶要30元;每天得20元的零食钱,一周得花100元。还有你们外出吃饭时我的餐费。"

"这样算来,你一个月需要零花钱2080元。"小黎爸爸掐着手指一算,"你知不知道,一个大学生毕业后在我们城市的薪酬是多少?"

"不知道,这与我的零花钱有关吗?"小黎不屑地反问。

"当然有关。我来告诉你,在这个城市大学生毕业后的月薪一般是2500元左右,相当于你爷爷奶奶每月的生活费。"小黎爸爸很严肃地说,"但是大学生的工资除去每月至少500元的房租、60元的生活费和其他生活基本开支,每月的剩余不足1000元。如果你现在大学毕业了,赚这么多钱够用吗?"

"不会吧?大学生的收入这么低?"小黎听完爸爸的话大吃一惊,"那怎么够用呀?"

"我没有必要骗你,你上网查查就知道了。"小黎父亲平静地说,"因此,你的消费必须减少。电话费、学习工具花费我们替你交了。你上初中了,零食也该少吃了,平时喝家里的桶装水吧。至于我们外出吃饭你的餐费,按一次30元计算,而且我们将尽量减少外出用餐。除了这些以外,你想想,零花钱哪些可以减少?"

"要是我都不想减呢?"小黎有点不那么情愿。

"不想减,很简单,自己赚钱去。"小黎父亲的声音不大,但语气很坚决,"这样,我们还会节省更多。你用我们的钱,还不与我们协商,哪有这样的道理?"

"我想想吧。"看父亲这么说,小黎边想边说,"电影费不能减,一周才一次;卡拉OK不能减,那是我的最爱;朋友聚餐也不能少呀!"

"不行,你必须减,这个没得商量。"小黎父亲的语气中没有半点商量的空间。

"好吧。卡拉OK减少100。"小黎只好忍痛割爱。

"卡拉OK的费用就依你说的。"小黎父亲马上回应,"每周一聚餐都要你花钱呀?外边吃一次快餐才20元。这个费用也太高了。这样,每周给你160元。"

"能不能一个月一次给呀?"小黎跟父亲继续讨价还价。

"一月一给,怕你的钱不经用。"小黎父亲非常坚定地告诉小黎,"以后每周一晚上给你160元,中途不得再要钱。"

由于断了小黎的财路,小黎卡拉OK的次数明显下降,再也没有半夜2点那么晚回来了。渐渐,小黎也能安心在家里读书了,学习成绩也有了明显的提高。小黎在日记中谈到了自己变化的原因,是这么写的:"爸爸给我讲道理,要我减少零花钱。刚开始,我想不通。后来,爸爸领了几个他们单位的大学生跟我交流他们的用钱计划,并告诉我,就业非常艰难,现在不抓紧时间,以后想学习都没有机会了。于是,我下决心改变自己的习惯。再加上,我的零花钱减少了,也没有那么多钱去卡拉OK啦。所以,我只能改邪归正啦。"

阅读建议

欲望不能控制，就无法培养自制力

对于孩子而言，钱是好东西，因为它能满足孩子的一些欲望，强化对孩子的教育。但钱也是个坏东西，因为孩子有钱的时候，欲望往往会无限膨胀，花钱没有节制，想干啥就干啥。于是，大手大脚的坏习惯就养成了。如果中小学不让孩子学会有计划并理性地花钱这个本领，将来后患无穷。当然，我们不是要教育孩子变成守财奴，而是教育孩子学会正确合理地用钱。很多时候，孩子不能自控的原因是，家长对金钱的放任以及对孩子的溺爱。因此，节约用钱，还可以帮助孩子培养自制力。

由于现在国民收入也提高了很多，很多家长对孩子的用钱需求丝毫不加限制，孩子要多少，就给多少，这就势必会纵容孩子不良的消费习惯，而一旦这个习惯养成了就很难纠正。我有一个朋友，他的孩子在国外读大学，上的是名校，各方面都很优秀。但有一个问题比较严重，就是每月消费额比较大，超过在国外读书的同龄学生的两倍，家长和孩子都很苦恼。究其原因，就是从小养成了花钱随意的习惯。因此，从某种程度上说，财商比智商更重要。

我觉得，学校和家长要注意培养孩子的财商。一定要意识到，孩子不会用钱是很可怕的。试想，如果孩子长大工作后，连自己赚多少钱都不知道，花得比赚得还要多，整天欠账、借钱，生活肯定没有幸福感。从家庭教育的角度看，家长可以跟孩子协商家庭财务收入支配计划，比如，每个月收入是多少，家里每月要购买哪些东西，每月孝敬老人要花多少钱，房子和车辆的支出是多少，每月要积蓄多少，积蓄的用途都有哪些等。让孩子一起参与家庭财务收支计划的制订，从小知道金钱来之不易，学会量入为出，学会计划用钱、科学用钱。如果是从小学开始，还能把数学知识的运用贯穿其中。当孩子学会这样做的时候，即便孩子将来赚钱少，也会有幸福感。

在进行财商教育时，家长一定要让孩子学会节约用钱，不要把每月的零花钱都花光，而要有所结余。这样，当孩子有特殊需求的时候，或想干点非常重要的事情（比如想买别的孩子拥有的比较贵重的玩具）时，就可以用日积月累积攒的零花钱去买。这样做，不但增强了孩子的节约意识，而且还通过延迟满足需求，让孩子逐渐养成沉稳、坚持等好习惯。

10 从那时起,他不再打架

假定孩子主观犯错,就无法教育到位

> **核心观点**
>
> - 在不了解孩子真实处境和所面临精神困惑的情形下,家长和老师贸然采取行动,不仅无助于问题的解决,而且会使矛盾进一步激化,有时还会酿成灾难。
> - 家长或老师不应只喜欢乖的孩子,而更应该喜欢有个性和独立见解的孩子。
> - 正是因为孩子有这种那种问题,才需要家长和老师的教育——孩子是在不断地犯错、纠错过程中,逐渐成熟和长大的。
> - 对孩子而言,违反纪律并不会快乐:要遭受心灵折磨,会招致同学误解,有时还会导致老师或家长的批评。因此,一般情况下,孩子不会故意违反纪律。
> - 孩子没有必要故意与老师或家长作对。其实,这是和自己过不去,除非老师或家长的行为严重伤害了自己。
> - 由于孩子对自己行为的控制力较弱,可能经常会出现反复犯错的现象。如果老师或家长因此给孩子扣上"故意"的帽子,那么就会使本来简单的问题复杂化。

上了初中后,小计几乎每天都要和班上的同学打一架。开学刚一个月,班上包括女同学在内的所有同学几乎都挨过他的打。面对这个棘手的问题,即便是有多年班主任工作经验的余老师也很难想到解决问题的办法。

为了帮助小计解决这个问题,余老师从多方面了解小计在小学的表现情况和他的家庭情况,以便了解他暴力倾向背后的原因。在与小计小学同班同学的交流过程中,余老师了解到,小计上小学时就是有名的"打架王",谁也不敢惹他,几任班主任都对这个孩子没有办法。

余老师心想,自己不是神仙,别的班主任解决不了的问题,自己也不可能通过简单的批评教育、叫家长配合或者给予纪律处分就能予以解决。因此,开学初的这4周,遇到同学投诉小计打了自己,余老师只是说,老师知道了,你受委屈了,并没有对小计进行批评教育。

在了解情况的过程中,余老师从一个与小计非常要好的同学处了解到,小计的爸爸患了白血病,妈妈是清洁工,家庭生活非常艰难。余老师猜测,小计的问题一定与其家庭状况有关。

根据这个情况,余老师在全班发动了针对小计的募捐。

募捐开始前，余老师先简单介绍了小计的家庭情况，然后深情地说："同学们，小计同学父亲患病，母亲收入微薄，家庭生活极其困难，请大家献出爱心，拿出自己的零花钱，给小计同学和他妹妹买一些学习用具。"然而，余老师的动员没有效果，全班没有一个人愿意为小计捐款。

面对这种情况，余老师把班干部叫到教室外面紧急商量对策。余老师首先做了自我批评："我原以为大家一定会伸出援手，没想到大家对小计有了成见，都不愿意捐款给他。"接着，余老师给班干部进行了动员，"但是作为班干部，大家可不可以这样思考问题？也许这次捐款活动，会让他感受到班级同学的温暖，并有可能因此而改变他。原因很简单，因为他给我们施加了恨，但我们却用爱来包容他。因此，我觉得，这是一个改变他的非常好的机会，希望班干部支持我。"班干部听完余老师的话后，纷纷点头表示愿意捐款。

班干部取得一致意见后，回到教室，班长向全班同学发出倡议："同学们，小计家里很可怜，需要大家的关心，我们班干部带头捐，同学们也一定会为小计献出自己的一份爱心。"还未等班长的话说完，余老师就带头向募捐箱投了100元。接着，班干部每人拿出5元、10元不等的钞票投进了募捐箱。

在余老师和班干部的带领下，班上每个同学都把自己身上的零花钱投进了募捐箱。不一会儿，班上同学就捐出了240多块钱。看到同学们纷纷解囊相助，小计趴在桌子上哽咽起来。

捐完款后,余老师感到,解决小计问题的火候到了,便拿着同学们的捐款去小计家里进行家访。当时,恰逢当年中秋节来临,余老师决定,带着一盒同学家长送给他的月饼,和班长一起前往小计的家里。然而,当得知余老师要家访时,小计头摇得像个拨浪鼓,连连向余老师求饶:"余老师,我很感激你对我的关心,但我求你别去家访了。以前上小学时,每次老师家访,爸爸都要打我一顿,因此,我很害怕家访。老师,求求你,别去我家了,行吗?""既然你已经认识到错了,我怎么会跟你爸妈说呢?老师绝不会说你的坏话,也不会告你的状,只是想了解你家的情况,请你放心。"余老师安慰道。

到了小计家后,情况比余老师想象得还要糟糕:不大的房间里,没有什么家具,墙壁上连白灰也没有刷,甚至家里连个坐的地方都没有。余老师说明来意后,把班上同学募捐的钱交到小计爸爸手里:"钱虽然不多,但却表达了全班同学对你们一家的一片心意,请您一定要收下。"

看到小计的妹妹在一旁眼睛直勾勾地盯着自己,余老师把自己带来的月饼拿给她吃。令余老师没有想到的是,小计妹妹边吃月饼边流眼泪。看到女儿流泪,小计妈妈给孩子擦拭完眼泪后,喃喃地说:"这孩子从打记事起,就没有吃过月饼。爸爸妈妈对不住你呀!"

看到妹妹吃月饼高兴得流泪,小计又拿了一块月饼给妹妹吃,还心疼地说:"别急,慢慢吃,把盒里的4块都吃了。"

见此情景，余老师动情地说："这个哥哥对妹妹真好，像个哥哥样子。"

"余老师，我妹妹以前遇到别的同学吃月饼时，就喊着要吃月饼。"小计说到这里，竟号啕大哭起来，"可我这个哥哥真无能，没有月饼给妹妹吃。从此，我就天天想着哪天能给妹妹吃一块月饼。老师，今天你帮我实现了这个愿望，你说什么，我都听你的。"

还没等余老师回应，小计停止了哭泣，满脸忧愁，望着余老师说道："可是，老师，你知道，我第一次打人的原因是什么吗？就是因为我妹妹被其他同学欺负了，我难受呀！因为我妹妹长得丑一点，加上家里穷，妹妹没有好看的衣服穿，很多人欺负她。从那时起，我遇见一个欺负我妹妹的人，就打一个。后来，对看不惯的人，我也动手去打。时间长了，不打人，心里就觉得痒痒的。"

"你打人还有理啦？"突然，眼里充满泪水的小计爸爸对小计厉声说道："你给我跪下。你以为我不知道，班上挨打同学的家长找过我几次了。可老师到家里来，却没说你一个不字，同学们还给我们捐款。你这样做，怎么对得起这么好的老师和同学呀？我怎么生了你这么一个孽子呀？"说完，小计爸爸竟然失声哭了起来。

看小计跪下，余老师赶忙把小计扶起来："不要这样，千万不要这样。我相信，小计是个懂事的孩子，一定会改正自己的错误的。"

"虽然你打架似乎有自己的原因,老师也能理解你。但世界上还是好人多呀!"看小计和爸爸的心情逐渐平静下来后,余老师进一步规劝道,"你看咱们班同学多好,你打过他们,他们却不记仇,依然理解你,依然给你关爱。因此,你不能用这种方法对待善良的同学。再说,你用打架的方法,以恶治恶也不对。人人都像你这样,这个社会不就乱套了吗?"

"老师,你放心。我今后再也不会打架了。"小计在爸爸妈妈面前向余老师做出了庄严的承诺。

自此以后,小计再也不打人了,行为习惯也渐渐好了起来。

阅读建议

让违纪"理由"不攻自破

一般来说,学生违纪行为有以下几种:一是无知的违纪行为。造成这种违纪行为的原因是,学生根本不知道自己的行为是违纪行为,或自认为自己的行为不会违纪。二是无意的违纪行为。这种行为往往是非违纪行为导致的后续行为,虽然学生知道后续行为是违纪行为,但事先没有预料到自己的行为会导致后续违纪行为的发生。三是有意的违纪行为。虽然知道自己的行为违纪,但却以为自己的违纪是情有可原的,不是大事,或者因为别人违纪在前,才导致自己迫不得已的违纪行为。四是恶意的违纪行为。学生明明知道自己的行为违纪,而且没有任何理由,就是要违纪。

对于第一种违纪行为,教师和家长不必太认真,只要给学生讲清道理。当学生知道此种行为的危害后,一般以后不会再犯类似的错误。对于第二种违纪行为,教师和家长一定要告诫学生,他的行为可能会导致的其他行为的后果,不能心存侥幸或太过冲动。对于第三种违纪行为,教师和家长需要教育学生,任何违纪行为都会因为自己的放纵导致更严重的违纪行为,甚至走上犯罪道路。有时候,自己的违纪行为可能是不能自控或别人违纪在先造成的,因此有必要加强自控能力的培养和提高,更不能因为别人的错误而违纪,这是拿别人的错误惩罚自己。对于第四种违纪行为，教师和家长一定要高度警惕，因为这种违纪行为背后的潜台词是，我就是要做违纪的事情，看你能把我怎么样。第四种违纪行为的原因，大多与教师和家长对学生的态度有关，如果发生了，一定是因为学生对教师和家长有了偏见或有敌对情绪。在本文中，小计的违纪行为明显就属于第三种行为，即小计认为自己的违纪行为是有理由的，是可以理解的。如果小计头脑中的认识问题没有有效纠正，小计的违纪行为是不可能得到纠正的。

大多数情况下，学生的违纪行为都是前三种，因为学生没有必要故意和教师或家长作对（这其实是和自己过不去），除非教师或家长的行为严重伤害了自己。因此，学生的违纪行为（包括有时教师和家长认为的很严重的违纪行为）并不可怕。只要教师和家长抱着信任的态度，允许学生开口讲话，一般就能找到解决学生违纪问题的办法。但在日常生活中，教师或家长往往却高高在上，不听学生的解释，或根据自己的猜测，对学生的违纪行为上纲上线，这就势必造成师生关系或亲子关系的对立，甚至是严重对立。

当然，由于学生尤其是中学生对自己行为的控制力较弱，可能经常会出现"明知故犯"的现象。这里的明知故犯打上引号的原因是，这是教师或家长的看法，但实际上却不一定是学生的故意行为，他们只是疏忽了或没有努力去做。如果教师或家长给学生扣上"故意"的帽子后，就会使本来简单的问题复杂化。对待这类学生，如果问题不是很严重，教师和家长只是稍加提醒就可以了或者干脆不予理睬。如果是比较严重的问题，教师和家长还需进一步和学生沟通。

"大人教我谈恋爱！"

把对异性的爱慕之情转化为进步的动力

核心观点

- 孩子们的爱情绝大部分只是懵懂的异性相吸，经过一段时间的交往，一切复归正常，只有极少数发展成为恋爱关系。只要家长、老师处置得当，不会也不该发生意外。
- 家长、老师教孩子谈恋爱，其实是在教导男生、女生逐渐学会成为男人和女人。
- 很多孩子上大学后，才像疯了一样去谈恋爱。有些人甚至大学毕业后，还不会谈恋爱。因此，中学阶段，家长、老师应该对孩子进行爱情教育。
- 家长也好，老师也好，都可以把恋爱当成非常自然的、每一个孩子必须经历的成长机会，并顺理成章地让他们感受这个成长的机会。
- 如果孩子真的对异性一点欲望都没有，家长、老师才该认真关注这个孩子。
- 很多学校和家庭没有对孩子进行爱情教育，因此应该补上这一课。

乍一看到这个标题,一定会让绝大多数家长和老师感到吃惊:这是一个什么样的老师呀,我们防都防不住,这个老师怎么还要教学生谈恋爱?但看完这个案例后,我们的家长和老师也许会对这种现象发生一些改变。

年轻的谢老师处理学生问题与其他老师有很大不同:着手处理之前,总会想一想,自己以前处理类似问题的方法有什么可以改进的,能不能换个思路进行教育?这不,当班上出现学习优异的学生小毛与文雅秀气的女生小文"好上了"的传闻时,谢老师就在想,自己以前用分别找男女生谈话,告诉学生利弊,让学生自我觉醒,不至于陷得过深的做法,是不是有效果?该怎样改进?经过几天的反复思考,谢老师终于想出了一个新的办法。

这天下午的课外活动时间,谢老师把小毛叫到了自己的办公室。

"猜猜看,今天老师叫你来会表扬你哪一方面的进步?"谢老师看似随意地开始了与小毛的交流。

"老师又要表扬我了?我猜不到,因为你的表扬总是让我们喜出望外。还是直接告诉我吧,我都等到花儿谢了。"看得出,小毛和谢老师的关系非同寻常。

"今天的表扬，让老师又羡慕又妒忌，但没有恨。你简直太棒了，居然把班上最有气质的女孩子给迷住了。告诉老师，你是怎么做到的？"谢老师的言语之间充满期待。

"啊？没有呀，不是迷住了，是相互吸引吧。"尽管小毛尽量掩饰激动的情绪，但绯红的脸庞说明小毛面对这样的问题还是有点不大自然。

"好呀！既然两人相互吸引，你们的座位离得太远，是不是交流起来有点不方便呀？"谢老师半认真半开玩笑地说，"想不想让老师把你们的座位调到一起呀？"

"这个嘛……"小毛欲言又止。片刻之后，小毛理直气壮地回答，"如果能这样，当然更好。"

"好你个小子，还有点迫不及待了。"谢老师兴冲冲地接话，"不过，老师有个条件，就是你必须克服马虎这个缺点。平时作业的准确率要提高，考试减少马虎的失分。如果你能做到，老师就帮你实现这个愿望。"

"保证完成任务。"小毛的回答很干脆。

"急啥？这不是你一个人的事情，我还得问问小文的想法。"说完，谢老师让小毛把小文请到了他的办公室。

看小文进了办公室了，谢老师挥手示意小毛出去等候。

待小毛离开办公室后，谢老师轻声问道："小毛想和你做同桌。你愿不愿意呀？"

"不会吧？"小文看老师的面孔很真诚，便低下头说，"老师，您觉得，这样可不可以?"

"我当然认为这是一个好主意啦。"谢老师毫不迟疑地说，"但只是他一个人愿意不行，你也必须表态，这叫两相情愿。"

"那好，我不反对。"显然，小文是一个不太张扬的女生。

"不过，老师有条件。如果你答应老师的条件，老师马上把你们安排成同桌。"谢老师又使出了同样的招数，"这个条件就是，你必须在学习上取得更大进步，下一次考试成绩进步10名，并且写出自己如何进步的设想，而且还得说服老师，让老师相信你的设想是可以实现的。"

"这个要求蛮高的。"小文似乎有些不大情愿。

"不答应，就当我没说。"谢老师也不示弱。

"老师，我说要求高，并不等于我拒绝了，还不让人思考一下呀!"小文想了想，最终点头接受了老师的条件。

"一言为定。明天上午，老师等着你的设想哦。"谢老师见自己的计谋得逞了，有点喜出望外。

……

谢老师原以为自己这样做，一定会收到良好的效果。

但过了不到两周，小文却再次找到谢老师。

"老师，我不想与小毛当同桌了。"噢，小文这次来不是报喜的，而是他们两个出了"状况"。

"怎么啦?"谢老师看到小文的眼睛里闪烁着泪花，不由得心疼起这个可爱的小女孩来，"是不是小毛欺负你啦?告诉老师，老师帮你去收拾他。"

"不是，是小毛有太多的毛病啦。"小文小声说，"比如，他不爱讲卫生，爱吃零食，还喜欢说别的同学的坏话……"

"噢。原来是这回事呀！"知道他们闹矛盾后，谢老师安慰道，"距离产生美。距离近了，就容易发现问题和缺点。其实，我们每个人都有缺点，优点越突出的人，可能问题越多。喜欢一个人，就要尝试接受他的缺点，并努力帮助对方去改造。当然，如果经过尝试后，还是接受不了，就不要勉强自己。再试一段时间如何？"

……

就这样，每出现一次问题或矛盾，谢老师都尝试鼓励孩子去重新面对，尝试自己努力去解决。

随着时间的推移,谢老师给两个孩子开出的"条件"越来越多,要求也越来越高。他们的行为习惯越来越好,学习成绩也大幅提升,成为年级乃至学校最优秀的学生。

这两个孩子的事情,让谢老师感触颇多。于是,作为语文老师的她,决定利用语文教学时间开展一次爱情教育活动,活动内容就是学习郁达夫写的《相思树》这首诗。

为了充分调动学生学习诗歌的积极性,谢老师决定用"赛诗会"的方式,组织活动。

"同学们,今天我们学习一首郁达夫写的著名的爱情诗,题目叫'相思树'。"谢老师开宗明义,直奔主题,"我们今天的学习,将通过'赛诗会'的方式进行。"

看同学们一时没有回过神来,谢老师进一步解释道:"所谓赛诗会,就是通过大家朗诵诗歌的比赛来学习这首诗。下面,我想请有女朋友的男同学上台朗诵……"

原以为会出现很多男同学抢着上来的场面,结果却是一个也没有。见此情景,谢老师并没有泄气:"看来我们班的男同学太没有魅力了,都上中学了,还没有女同学喜欢。我还以为,大家会让我大吃一惊的,结果却……"

还没等谢老师说完,5个男生就羞答答地登上了讲台。显然,谢老师的"激将法"起了作用。

"这些男同学的女朋友可要把耳朵拉长了,仔细地听,看看他们会不会读出感觉来,懂不懂什么是爱情。要是他们读不出感觉来，下课就把他们'休'了。"谢老师这么一说，让那些站在讲台上的男生颇为紧张，纷纷要求老师给他们5分钟的酝酿时间。

"你们也别只是看着。他们读完了，就得看你们女生对爱情的态度啦。对了，还有那些没有异性朋友的同学，也要抓紧时间做好准备，以便在这个讲台上展现出你们对爱情的理解，否则，你们很难找到异性朋友的。"谢老师看他的"招术"起了作用，对着台下的学生说道，希望进一步把同学们的积极性调动起来。

果然，这节课同学们的学习热情，比以往任何时候都要高涨，"赛诗会"也达到了预期的目的。"老师教我谈恋爱"则成了事后学生对这节课的最高评价。

阅读建议

撕掉爱情教育的遮羞布

引导学生谈恋爱这个话题,可能我们的老师和家长没有或很少涉猎,应该说,这个话题到"神秘禁区"了,可能就谈不开。家庭和学校都在穷尽各种办法想预防的措施,但很少想引导的办法。然而,防的措施想得越多,可能教育面临的问题越多。原因很简单,我们老师的老师就没有这样教育我们,我们对于这些故纸堆限制的东西,缺少相应的对策,也不知道该如何教育,所以只好继续用老旧的办法,采取堵和防的措施。

我觉得,我们需要从学生为什么喜欢异性的角度,来看待中学生谈恋爱的问题。其实,原因很简单,就是恋爱很神秘,老师和家长都限制、禁止,而学生的身心却有对异性好感的需求,特别在这个年龄段,越限制越好奇,越禁止越要探索。

说实话,我们在爱情教育上是有缺失的,不但家庭没有开展爱情教育,而且学校也没有进行相关的教育,把爱情教育纳入正常教育的环节还有很长的路要走。有些老师或家长可能会说,学生谈恋爱是可怕的,因此要想办法限制学生谈恋爱。我还建议给学生进行爱情教育,简直是不可思议。其实,正像九歌所说,爱情本身是非常美妙的东西,是可以改变学生精神力量的东西。从这个角度来看,我们的老师可以大胆开展爱情教育的实验,教育学生认识真正的爱情，认识男女之间相互追求的意义。面对学生之间的异性之恋，不妨采取支持的态度，让学生大大方方地谈、光明正大地谈。如果学生不会谈，老师和家长还要帮他谈、教他谈。因为教会学生正确谈恋爱，正确认识异性，对学生的一生都受用——这是学生成长的必经之途。

我认为，老师和家长有能力、责任和义务给中学生进行爱情教育，因为大家都经历过这个阶段，都可以从自身的经验、教训和体会中，告诉学生怎样正确对待爱情。为什么有的人到成年以后谈恋爱结婚容易，而婚后的家庭生活质量不高，可能就与我们对学生的爱情教育不够有很大关系。因为学生在他该谈恋爱的时候没有经历过，没有感受过，不知道他喜欢什么，以为漂亮或帅气就是他喜欢的，不知道人与人之间的相互吸引和爱恋是多重因素作用的结果。

关于这个话题，我们还有一些误区，就是我们的老师或家长往往会认为，"早恋"可能会导致性行为的发生，因而把"早恋"现象的原因简单地归纳为性教育没有做好。其实，性教育和爱情教育有一定的关联，但并不是必然的因果关系。性教育是严格的科学教育，包括性器官、性行为、性卫生等方面，而爱情教育则应该围绕以下问题展开：怎样正确认识异性情感，什么是真正的爱情，自己究竟喜欢什么类型的异性，怎样和异性交流、和什么样的异性交流才能达到心灵的沟通等。

第三章

自我教育
是主动思维的原点

通俗地讲，自我认知就是"人贵有自知之明"。然而，对于青春期的孩子而言，要做到这一点并不容易。可行的办法是，在家长或老师的帮助下，让每一个孩子发现自己的闪光点，正视自己的不足与问题，这样孩子的自我教育之旅就会水到渠成。

12

"奇怪,怎么那么多第三名?"

正确看待孩子的排名变化

> **核心观点**
>
> - 排名只是手段,只是工具。有效地发挥排名的作用,就会起到四两拨千斤的效果。因此,家长一定不要把工具当成目的,否则只能适得其反了。
> - 缺乏潜能意识的人,往往对学习缺乏自信。而自信与否反过来又影响求知欲。
> - 家长要学会用孩子的进步幅度而不是成绩来衡量孩子的学习状态,证明孩子的学习能力。
> - 家长一定要教育孩子,让孩子永远跟自己比,而不是跟别人比。
> - 公布排名的目的可以通过其他途径达到,因此无论如何,公布排名都是不可取的。
> - 遇到孩子成绩落后的情况时,家长要帮助孩子分析原因,一起协商解决问题,而不是把压力转移给孩子。

每当提起"高考"两个字，老师、家长和学生都会感到很紧张。特别是高三第二学期，几乎每个月甚至每周都要进行模拟考试，每考试一次，学生的成绩和名次都会发生一些变化，而每次变化都会对学生的复习和备考产生一定的影响。对一些谨小慎微的同学而言，这个影响还非常大。这不，杨老师班上的小雨等同学就特别关注每次模拟考试的成绩，如果成绩不好，心情就非常沮丧。

高三第二学期第二个月的摸底考试结束后，杨老师观察到小雨等 4 名同学的情绪非常低落。

等到所有学科的卷子改完以后，杨老师统计结果后发现，平时一直是班里排名前 3 名的小雨，这次考试的名次落到了第 8 名。不仅小雨的变化较大，而且班上还有 3 名其他同学也有不同程度的变化。

杨老师心想，如果小雨和这 3 名同学知道这个变化后，一定会非常难受，也一定会影响他们后续复习备考的情绪。

为了避免出现因为模拟考试成绩的变化影响学生情绪的事情发生，杨老师紧急召集班级任课教师开了个短会，向老师们说明了自己的想法："老师们，我们组织摸底考试的目的，不外乎有以下 4 点：一是了解教和学的效果，并据此改进复习、备考工作；二是了解学生的变化情况，对变化较大的学生进行适当的心理调节；三是让学生熟悉高考题目的类型和高考的节奏，增强学生对考试的适应性；四是通过模拟考试，不断地提高学生对高考的信心。因此，让学生和家长知道模拟考试排名的意义不是很大。既然学生和家长没有必要知道考试的排名情况，那我们从这次考试后，就不再给大家说学生的排名情况。我建议，老师们也不要将本学科的成绩和排名再在班级公开，只要让学生本人知道就可以了。"

开完会以后，杨老师决定到小雨和其他几个变化比较大的同学（顺便解释一下，杨老师所在的学校是社区高中，学生都在附近社区居住）家里进行家访，其目的就是，积极做好对小雨和这些同学的解释和说服工作，以免小雨和这些同学的情绪受到太大影响。

去小雨和这些同学家之前，杨老师反复思考，该怎样给小雨和这些同学做好思想工作。

"不管怎么说，告诉小雨这次考试的成绩和排名，就一定会对小雨造成很大影响。但只是安慰小雨，恐怕只能起到相反的作用。因为越是安慰小雨，聪明的小雨就越会联想到自己考砸了。怎么办？"整整一个上午的时间，杨老师都在翻来覆去地想这个问题。

快到午饭时，杨老师突然一拍大腿，大声说道："有了，这个办法一定行。"接着，杨老师为这次家访做足了"功课"。

进了小雨家门后,杨老师发现,平时非常开心的小雨妈妈显得情绪很低沉。

"杨老师,今天找小雨不是很合适。"知道杨老师的来意后,小雨妈妈对着小雨的房门努了努嘴巴说,"小雨这次考试没有考好,正在自己的房子里哭鼻子呢,情绪很低沉。"

"为啥呀?"杨老师装作若无其事的样子。

"杨老师,你还不知道呀?这次考试,小雨考得不好。那天晚上一回家,就冲我们发脾气,这也不好,那也不好。吓得我们都不敢跟她说话了。"

"这次考试没有考好?不会吧?"杨老师边说边拿出了一个小本本,"我这个本子上记着全班同学的成绩,好像小雨没有退步呀!"原来。杨老师所做的"功课",就是准备了这个

成绩册。

"不可能,她那么伤心,还能没有退步?"小雨妈妈似乎不大放心,从杨老师手里接过成绩册反复查看,"哦,这次考试小雨还是第三名呀!"

"我就说嘛,她的成绩好像没有下降。"杨老师笑着说。

"不会吧?小雨考完后的感觉可不好啦。杨老师,成绩会不会搞错了呀?"小雨妈妈还是不放心。

"不会的。成绩怎么会搞错呢,都是我亲自统计和计算的。"杨老师继续忽悠。

"那为什么小雨感觉非常不好?"小雨妈妈还是不相信。

"其实,这次考试,孩子们都没有考好。原因就是,这段时间孩子们都很疲劳,精神状态也不是很好,因此,孩子们都没有考好。这很正常呀!"杨老师说这话时,显得特别认真。

"哦,那您要不要跟孩子解释解释?"看来,小雨妈妈终于相信杨老师啦。

"还是先不说了吧。让孩子的情绪稳定稳定再说吧。我先回家了。"知道来家访的目的已经完全达到,杨老师便起身告辞。

如此这般,杨老师把其他3个同学家里都跑了一趟。

果然,不出杨老师所料,第二天上午,小雨和那3个同学都开开心心地到学校上学了。这次考试对小雨和3个同学的影响也降到了最低。

以后的考试中，杨老师都如法炮制，尽量降低同学们受考试成绩的消极影响。

几个月后的高考中，小雨和这3个同学都如愿以偿考上了理想的大学。

当小雨拿着大学录取通知书找杨老师报喜时，杨老师才把事情的原委告诉他。

"我就说嘛，我几门课都不如班上的前几位同学，可我妈妈却信誓旦旦地说，她看了您的成绩册，成绩单上我的成绩都是真的，排名确实是第三名。原来，老师您先骗了我妈妈，然后，再诱导上了当的妈妈'欺骗'我。"小雨看穿了老师的"把戏"，"连我妈妈这么'老奸巨猾'的人都上当了，我也只好跟着'上当'了。"

"你可别这么说。我没有让你妈妈'欺骗'你，她是自愿'上当受骗'的。"杨老师装作一副无辜的样子。

"老师，我不跟你抬杠啦。"小雨顾不了那么多，急于想解开老师骗过小雨妈妈相信的谜底，"不行，那个成绩册竟然骗过了我妈妈，我也一定要看看那张让我逃过一劫的神奇的成绩册。"

"你的好奇心真强。"杨老师说着，就从办公室的抽屉里拿出了一沓成绩单，"不过，现在也该让你们知道答案了。要不然，你们一辈子都会骂我是'骗子'。"

说完这句话，杨老师爽朗地开心大笑起来。

从杨老师手里拿过成绩单一看，小雨不禁大吃一惊："啊？怎么那么多第三名？！"

"怎么，这个时候怀疑起老师啦？"杨老师故意做了鬼脸。

"老师，原来你每次考试都造了好多份假成绩单！到谁家，就给谁看对他有利的成绩单。"小雨马上俏皮地说，"看来上当受骗的不只我一个呀，你是真正的大忽悠。不过，我们超级喜欢你这个大忽悠，简直爱死你了，杨老师。"

在为这些孩子暗自高兴时，杨老师想起了班上另外一个自己没有关照好的孩子小松，不由得暗自叹息。

杨老师多年也难以忘怀的这个学生叫小松。因为这个孩子的妈妈是班级任课老师，所以每次模拟考试完以后，小松妈妈都不听杨老师的劝告：直接把小松的考试成绩和排名告诉小松。本来小松是班上成绩最好的学生，但由于小松妈妈给孩子施加了很大压力，致使小松过分关注成绩和排名。

在那次模拟考试后，小松的成绩和排名也出现了下滑，这使他的精神高度紧张，使本来就很短的睡眠时间再次减少，小松的压力随之越来越大，效率越来越低，成绩也逐渐从开始时班上的第一名，一路下滑到班上中上游。但由于小松妈妈不让杨老师给小松减压，杨老师只有干着急的份儿，一点办法也没有。

到当年高考前，小松已经完全丧失了信心，考试成绩也与其他同学有了明显差距。后来，同学们考重点的考重点，考本科的考本科，而小松却只考取了专科学校。

　　为了争气，小松和家里人商量后，决定放弃当年读专科学校的机会，在高三复读一年。结果，因为小松复读时，压力没有减轻，反而更大。第二年再考，还是只考上了专科学校。小松父母担心孩子受不了这个打击，只好鼓励孩子上专科学校。本来上专科学校也没有什么大不了的，但因为小松不能面对原来基础不好的同学比他考得好的事实，因而在上大学过程中，患了精神分裂症，成了杨老师终生的遗憾。

阅读建议

别让排名打击了孩子的自信心

公布学生排名引发的悲剧确实非常多。也许看了这个案例后,老师和家长们都应该好好反思一下对待孩子成绩和排名的态度。我的看法,公布排名的做法除了能增加学生的学习压力外,没有任何价值和意义。何况,公布或变相公布排名虽然有给学生增加压力的作用,但这种压力能否转化成学生学习的内在动力,能产生多大的效果,则是要打一个大大的问号的。

仔细分析不难发现,老师公布学生排名的原因,不外乎是,希望通过排名影响家长和孩子,给成绩好的学生鼓劲加油,提醒成绩退步的同学多加注意,对成绩不好的学生施加一定的压力,让他们有适度的紧张感。我认为,这些目的要么通过学习成绩好的同学的经验分享来达到,要么通过私下告知成绩不好的学生或家长来达到,完全不必公布排名。除非老师、学校公布或变相公布排名的目的是,让成绩好的同学在全班同学面前有面子,让其他同学羡慕这些同学;或让成绩差的同学觉得自己没有面子,产生羞愧感,进而在以后的学习中更加努力。但前一个目的,对"优生"和"差生"都没有任何价值。对"优生"而言,容易让这些学生产生"一俊遮百丑"、忘乎所以的感觉;对"差生"而言,会让他们的自信心更差,更加缺乏向上的动力。后一个目的则有悖于教师的职业道德,并不会达到教师所期望的让这些学生更加努力的目的。因此,单纯地从学校和老师的角度看,实在想不出来公布或变相公布成绩排名的价值和意义。

家长希望知道孩子排名的原因就更没有道理了。难道知道孩子的学习成绩比别人好,自己就能找到心理安慰,或者自己在别人面前才有面子?难道知道自己的孩子成绩比别人差,就能给孩子施加足够的压力,或者自己就找到了批评或教训孩子的理由?从本质上看,这样做,并不能帮助孩子解决学习上存在的问题。一言以蔽之,家长希望知道这个排名的目的,充其量就是保证了自己的知情权而已,并不能从本质上让孩子继续保持优秀的状态,或帮助孩子提升不大好的学习成绩。因此,从家长的角度看,公开学生的学习成绩也没有任何意义和价值。

诚然,作为一种研究学生问题的方法,了解学生每次学习成绩波动的状态,在教学上针对不同状态的学生采取适当的措施,是非常必要的。即便觉得某个学生的学习成绩波动过大,确实需要家长配合、支持,也只能通过家长了解孩子出现问题的原因,或者希望家长能够关注孩子的变化等方式,共同找到帮助孩子解决问题的方法。因此,如果从这个角度上看,公布排名也没有价值。

实际上,学生的学习成绩波动较大的情况不是很多(个别家长强制孩子学习的情况例外),即便一时出现偶然的波动也是正常的,教师大可不必上纲上线,兴师动众,让家长们莫衷一是。而家长更不要因为与其他学生有差距,所导致的孩子成绩排名落后的状况而忧心忡忡，进而使孩子的情绪更加糟糕，问题更加严重。

作为家长，万一遇到非得和排名较劲的老师和学校该怎么办？我的建议是，及时与孩子进行沟通和交流，帮助孩子分析成绩出现波动的原因，和孩子一起协商解决问题的对策。如果孩子对成绩波动的情绪较大时，还要做好安抚工作，告诉孩子别把一时的排名太当真，进步和退步都很正常，找到了退步的原因，就等于找到了解决问题的对策，千万别把压力转移给孩子。

13 "算"出来的自信心

引导孩子学会数据分析的方法

核心观点

- 算出来的自信比灌输来的自信更自信。因为让孩子的身心处于快乐、兴奋状态，就能极大地促进头脑风暴和思维激荡。
- 家长和老师一开始就给孩子成功与快乐的体验，就让孩子喜欢上学，喜欢学习，喜欢老师和同学，孩子就一定能学好。
- 根本没有什么好孩子或坏孩子之分。只有自己感觉有能力和没能力的孩子。成长中的孩子最需要的是，家长和老师的认可、信任和鼓励。
- 学校可以通过很多软件，观察到孩子的状态和需求，及时调整需要老师支持的科目等。
- 怎么看待孩子，怎么了解孩子，怎么给孩子提出合理的、可行的建议，家长和老师都可以求助于数据分析。
- 如果孩子的成绩不是很理想，家长可以采取失分数据分析技术，激活孩子的自信心。

小许是个勤奋好学、聪明伶俐的小女生，老师们都夸她头脑灵活。然而，不管老师们怎么夸她，也不论她如何努力，她每次的考试成绩就是达不到自己的理想状态。眼看就要上初三了，小许和爸爸焦急万分。无奈之下，小许爸爸和班主任于老师协商后，一起来到本校教导主任文老师的办公室，希望文老师对孩子的情况进行"会诊"，并在此基础上，帮助孩子解决因考试成绩不好所导致的自信心不足的问题。

　　听了小许爸爸和于老师的介绍后，文老师决定期中考试后，先与小许沟通一次。

　　不久，初三第一学期的期中考试就结束了。小许的成绩依然不是很理想。等各科成绩出来，试卷全部发给学生后，文老师招呼班主任于老师把小许叫到了自己的办公室，并要求于老师和自己一起与小许进行沟通。

　　小许走进文老师的办公室后，文老师先是把一张试卷分析表分别递给了小许和她的班主任于老师，然后，亲切地问道："小许，你的各学科试卷都按这个表格进行分析了吗？"

　　"做了。不过，说实话……"小许望了望班主任于老师后，欲言又止。

　　"没关系，大胆说。难道你们班主任不允许你说实话？"

文老师看了一眼于老师后，冲着小许笑着说。

"不是，是因为这个分析表是您要求我们填的，我怕说出来，您不开心。"小许瞟了一眼文老师说，"不过，既然您已经知道了。我就实话实说吧：我以前每次都非常认真做这个分析表，但做了两年了，也感觉没有什么大用，所以现在只是应付差事，走走过场。"

"看来，你们对这个表的作用还不是很理解。都怪我没有给老师们讲清楚。"听小许这样评价自己的工作，文老师先是做了个自我批评，然后，说起了填写这个表格的办法，"在这张表中，我们强调，一是要认真分析考试失分的原因，第一栏是大意失误失分，第二栏是模棱两可失分，第三栏是根本不会失分。你必须对每个失分的题目的原因进行分析，认真填写这个表格。二是针对失分的原因，提出解决问题的切实对策，包括以后的学习计划的调整等。填完后，再拿着这个试卷来我办公室，我帮你进一步分析。那时候，你就知道这个表格的作用了。填表的时候，一定要认真，不可敷衍了事，老师会一个题目一个题目与你进行交流。"

"啊？这么认真呀！"小许伸了伸舌头说，"这得耽误多少时间呀？"

"告诉老师，亡羊补牢的意思是啥？"文老师看小许不是很理解填写表格的意图，提出了一个看似无关的问题。

当小许准备回答问题时，文老师挥了挥手，示意不用回

对考试失分做一下数据分析!

答后,接着说:"我当然知道你懂这个词的意思,那这个'牢'怎么补呀,你起码得知道'牢'哪里破了。你把表格填写完,与老师沟通后,就明白了老师的意图了。怎么样,明天下午上完课后,你可以带着完成好的任务,和你们于老师一起来一下我的办公室吗?"

第二天下午上课后,小许和班主任于老师如约来到文老师的办公室。

"语文、数学、英语、物理、化学、历史各大意失误丢了3、8、5、7、5、4分,各学科大意失误丢分的题目分别是……这些学科模棱两可分别丢了5、7、5、7、6、4分,各学科模棱两可丢分的题目分别是……这些学科根本不会分别丢了 2、9、3、8、7、0 分，各学科根本不会丢分的题目分别是……具体措施分别是……"还没有等文老师问话，小许一口气就把表格上的数据全说了出来。

"先不说你的分析是否正确。仅仅大意失误丢分合计就 32 分。如果把这些分数都算上，你的成绩会是什么程度？"文老师不慌不忙地说。

"在班级是前 20 名，在年级是前 50 名。"小许不假思索地回答。

"对自己的状态很清楚呀！"文老师赞扬道，"这说明你的实力就是班级前 20 名，年级前 50 名。"

"可问题是，我从来没有拿到过这个成绩。"小许有点疑惑。

"所以，你得做好成绩分析这件事。"文老师微笑着说，"我的建议是，你要认真分析各门功课每道失分的题目大意失分的原因，要具体分析属于哪一类型的失分：是看错题目，还是计算失误，或者是其他原因，并在平时作业和下次考试时减少这些失误。这才是你目前应该关注的核心问题，而不是修订学习计划、加班加点改进学习。你能高度重视这个问题，并有效解决好这些问题，就能有效地提高成绩。当然，解决这些问题，一定要分步走，比如，每次要求自己减少多少分的失误。这样，3 次考试后，你就可以呈现自己的真实水平了。"

"啊？那对模棱两可的失分呢？"小许似乎觉得文老师的

说法有道理，就希望进一步知道解决模棱两可问题的办法。

"真聪明。知道抓关键问题啦。"文老师赞许道，"你先思考一下，应该怎么办，才能解决上述问题？"

"先把模棱两可丢分题目所对应的知识点找到，再认真回顾这些知识，接着，再反复做类似的题目，确保以后不再出现类似的问题。"小许想了想说。

"不错，你思考得很全面。"文老师接过小许的话说，"其实，你还可以再做得更细一些，比如，把这些错题抄在或者复印好贴在一个专门的错题登记本上，隔两个礼拜后，再尝试做一次，看看会不会出现上次考试类似的问题。再比如，还可以对错误的试题进行改题训练。你提高了纠错率，就是在提高成绩。"

"这个办法好，我马上去尝试。"小许听了文老师的这些话，很兴奋。但似乎还不满足，于是，又接着问道："那根本不会的题目是不是可以这样处理？找出不会的知识点，再认真理解，看看是不是知识理解问题。如果是，就按照对待模棱两可的题目的办法来处理。如果不是因为知识问题，而是因为理解不了，就去问老师，把它彻底搞清楚？"

"把前面两类问题的分数都拿到，你还不满意吗？"文老师对这个不轻言放弃的孩子印象越来越好。

"老师，尽量做到最好，不更好吗？"小许反问道。

"呵呵，当然好呀！"文老师稍停片刻后，继续说，"问题是，你当前的主要任务不是做到尽善尽美，而是要改变目前的相对落后的面貌，要抓住主要问题。不然，什么都想做好，可能什么都做不好。因此，要有所为，有所不为，把能为的为好，把不能为的先暂时放弃。这样，就可以集中精力解决好停滞不前的问题，也能增强自己的信心。"

"哦，原来这样。我以前就是什么都想解决好，结果每次啥问题都解决不好。"小许彻底被文老师征服了。

"那怎么样，你这段时间要不先试试再说？"文老师进一步征求小许的意见，"其实，我还有个建议，不知当讲不当讲？"

"文老师，您快说呀，您的建议太重要了。"小许马上说。

"我看你的数学、物理和化学成绩好像不是很理想，是不是有难题不会做呀？"文老师问这句话时，生怕打击小许刚刚树立起来的信心。

"是呀。老师，每次考试数学、物理和化学3个学科最后一道题的最后一问，都让我发愁。"小许面露难色。

"既然不会，咱是不是就不在这些题目上费功夫了。发下试卷后，先瞄一眼，如果太难，咱们把时间用在其他题目上，那就会保证把时间投入其他题目上。这样，可以减少其他题目的失误，提高其准确率？"看小许和自己交流很开心，文老师就一口气把自己的想法和盘托出。

"老师，太妙了，我今天的收获太大了。"小许笑逐颜开。

之后，小许就离开了文老师的办公室。这时，班主任于老师才与文老师交流自己的看法："文老师，我明白你让我来'陪听'的意思了。接下来，我会对班上其他有类似问题的同学都采取同样的办法。谢谢文老师对我的开导和教育。"

"我叫你来的目的，不是陪听，而是希望你能给我提出宝贵意见，以便进一步完善这个表格，改进考试分析技术。怎么样？接着，再在你的班级开展相关工作，下次考试后，期待你向全校教师介绍经验。"文老师说出了要求于老师来观察的意图。

期末考试成绩出来后，小许跑到文老师的办公室，非常兴奋地说："老师，你说得太对了，我这次考试一下子就到班上前20名了。这样下去，我会越来越好的。我对自己充满了信心，都是老师帮我算出来的信心呀。而且我们班和我类似的同学都有了很大进步。你得好好表扬表扬于老师。"

如小许所愿，于老师期中考试后，向全校老师介绍了他的班级学习成绩提高的经验，使更多的班主任和任课教师深受鼓舞。

阅读建议

定量分析帮助孩子获得成功

一个非常优秀的班主任给我讲过,他当班主任开一次家长会要准备一个月,准备的内容主要是对学生在家长会前后学习成绩的数据、变化进行分析,包括每个孩子的进步在哪里,孩子的状态怎么样等。然后,再给每一个学生写一份学习和表现报告书,把自己对每一个孩子的期待和肯定都放在这个报告书里,并通过这个报告书,给家长反馈关于这段时间孩子学习和其他方面变化的情况。这位班主任所带的班级好,是因为他运用了数据分析技术,给每个学生下足了功夫。孩子和家长看了以后,都知道自己的进步和不足的原因和问题所在。这样下功夫了解学生、分析学生,学生的进步当然指日可待。

观察平时的家长会,班主任和老师给家长的建议基本上是面面俱到,无关痛痒,很少对每个孩子提出针对性的建议。因为班主任和任课老师给出的建议,不是建立在数据分析基础上的,而是班主任和任课教师根据自己的经验给出的模糊建议,缺乏科学的数据支持。老师们可能会抱怨,我们的班级学生人数这么多,这样做数据分析,我们的精力根本顾不上。但是,当我们静下心来想一想,就会发现,平时抱怨学生的时候,老师们往往会说,你们这帮家伙就是不认真,但轮到自己的时候,却很少做到认真二字。

怎么看待学生，怎么观察和了解学生，怎么给学生提出合理的、可行的建议，都需要建立在数据分析的基础上。数据分析不仅能帮助学生树立自信心，而且能帮助学生促进自己的学习方法。如果通过排名能够帮助学生促进学习，这种数据分析方法也有其价值。因此，数据分析工具并没有好坏之分，关键在于，这种工具是否能够促进学习。

对于家长而言，如果孩子的成绩不是很理想，完全可以采取"拿来主义"的态度，大胆采取案例中提到的关于失分的数据分析技术，来激发孩子的自信心。也许使用这种技术后，有一天家长会意外地发现，自己孩子的学习成绩悄然发生了改变。

14 校内留学带来的变化

给孩子换个小环境，
问题就可能迎刃而解

核心观点

- 校内留学制度的核心是，允许学生经过一定的程序，到其他班级短暂学习。
- 校内留学可以是班干部到别的班级"考察"学习，也可以是与老师闹别扭的同学到其他班级短暂学习。
- 孩子与老师闹别扭，不一定全是孩子的责任。
- 制定学生管理制度，要坚持问题导向原则，即以学生正当的成长需求作为制定和修改制度的出发点，唤起学生的成长需求作为制度的价值体现与归宿。
- 老师和学生有了问题怎么解决：是校长或领导拍脑袋说了算，还是经师生民主协商产生机制化的解决方案？这是检验一个学校是否落实以人为本理念的试金石。
- 孩子与老师发生矛盾时，家长不要急着抱怨孩子，而是要先与孩子交流，把问题的根源搞清楚。

"在6班留学的这几天,我们知道了自己班与别的班级的差别在哪里……但说句实在话,我们班同学不比别人差,只是我们太贪玩了,没有心思去学习罢了。我相信,如果每个人都有团队意识,都对自己和班级做出贡献,就会让班级优秀起来。"这是初一年级1班小夏留学同年级6班一周后,写下的洋洋洒洒6000字的留学日记《心态决定一切》的部分内容。

校内留学的由来,还得从初一5班班主任张老师对校长的一个请求说起。学校开学后不久,张老师就找到校长说:"我们班的小苏同学,跟我有点不对付,双方都不舒服。校长能不能让这个同学换个班级试试?"

望着张老师求助的眼睛,校长想起了自己读中学时的一件事:高一第二学期,因为和班主任闹了点矛盾,自己感觉班主任似乎因为这件事很不喜欢自己。于是,自己就觉得待在原来的班级非常不舒服,特别是见了班主任就更难受了,学习也因此受到很大影响。但苦于没有办法,只好勉强待在这个班级,直到高二换了班主任,情况才得到改观——如果高二没有换班主任,校长可能就无缘上大学了。

想到这里,原本要拒绝张老师要求的校长,换了个想法:"这样吧,学生换班,不是一件容易的事情。你想换,别的老师也不一定会同意。我和德育处协商下,再回复你。"

跟张老师说完后,校长思考了许久,像张老师一样的老师一定不少,而像小苏一样的学生也会很多。不同意吧,对老师和学生都是痛苦;同意吧,遇到类似问题又该怎样解决。苦思冥想,终于有了机制化解决问题的初步方案。

于是,校长很快约德育处负责人一起协商解决问题的具体办法。经过反复沟通和讨论,一项新的制度雏形诞生了,这就是上文提到的校内留学制度。

当然,有了好的机制雏形,不等于有了好的机制。在校长的建议下,德育处经过与班主任代表、学生会代表反复讨论,达成了一致意见:这样的制度非常有必要,并形成了"学生校内流学制度"草案,后经学生会和班主任会议多次讨论、修改定稿。

这个制度对校内留学的程序和方式做了明确规定。

学校校内留学学的程序有以下4步:

1. 学生本人提出申请,并做出到其他班级后的遵守纪律的承诺;

2. 流入班和流出班的两个班主任签字同意;

3. 年级审批、德育处备案;

4. 学生到新班级开始"校内留学"。

而校内留学的方式主要有3种:

第一种是小组组长等"班干部",到外班学习先进经验,

时间一般为一周。

第二种是其他与老师有点小别扭的同学到外班"体验新的环境",最短为一个月,最长为一学期。

第三种是对自己班级不大适应的同学,时间最短一个月,不超过一个学期。

制度还规定,留学期间,该生的学籍依然在原班级,这就使得"留学生"有了"双重教育者",即留学生受两个班班主任的共同教育,对后进生来讲,这无疑是一个转变的极好机会。同时,也消除了老师担心该制度会影响班级质量评比,而对其有畏难情绪的疑虑。

制度形成后不久,小苏就按照程序到 6 班留学去了。到了

6班后,老师们对小苏比较热心,也给了他很多机会,而学习上不懂的地方,同班同学也愿意帮助他。再加上小苏自己做到了之前遵守纪律的承诺,改变了迟到早退等不良现象,有了明显进步。过了一学期后,6班班主任和同学都舍不得小苏离开了。据此,德育处、班主任代表、学生会代表又对这个制度做了修改:凡是留学后,流入班班主任和同学愿意留学的同学继续待在新班级上学,而本人也不想回原班级,就可以继续留学,直到这两个要素之一不存在时,再回到原班级上学。

这个制度还产生了学校领导没有想到的另外一种效果:到别的班级留学的同学,回到本班后,对本班的班主任管理班级的方法,以及班级管理的若干制度也产生了新的想法,建议反馈到班主任那里后,对班主任之间的相互交流与学习也产生了良好的作用。还有一些同学把其他班某些学科老师的经验带给了本班的相关老师,对本班的教学也产生了积极影响。同时,也促进了教师之间的相互学习。

一个新机制的诞生,不但省去了一些老师的烦恼,也减少了部分学生对班级的不适应现象,更重要的是为班干部之间交流学习创造了条件和机会。

阅读建议

与老师发生冲突，不一定都是孩子的错

这个校内留学制度的形成，用一句时髦的说法就是坚持"问题导向"原则。

其实，"问题就是成长的需要"，"问题导向"就是以学生正当的成长需求作为制定和修改制度的出发点，以满足并唤起学生的成长需求作为制度的价值体现与归宿。我相信，只要坚持这个原则，不断地完善学校管理制度，学生管理的良好局面就一定会出现。

当然，如果抱着所有责任都在孩子身上的态度，这种制度一定不会产生，原因很简单，既然问题都来自孩子身上，教育孩子就是了，还要换班级干啥？还有，当拿分数作为评比班级或老师教学质量的依据，这个制度也难以诞生，因为毕竟多了一个后进生，会对流入班的管理和教学产生一定的负影响。

换个角度看，老师和学生有了问题怎么解决：是校长或领导拍脑袋说了算，还是经师生民主协商产生机制化的解决方案？解决办法的过程，是检验一个学校是否真正落实以人为本理念的试金石。

当然，允许家长和孩子用"脚"投票，选择自己心仪的班级，效果一定会更好。虽然有人会担心选择优秀的班主任的家长和孩子太多，可能会导致"供不应求"，但如果采取"一拖二"甚至"一拖三"，即让优秀的班主任多带几个班，而没有被家长和孩子选择的班主任做优秀班主任的助理，作为优秀班主任的"影子"跟岗实习，可能会彰显这些优秀班主任的优势。这样做，有利于发挥优秀班主任的示范带动作用，应该得到推广。可喜的是，国内不少学校正在进行校内转班和选择班级的制度化尝试，但愿这样的尝试能取得积极的进展，让更多的学生受益。

家长看这个案例有什么价值呢？起码有一点是可以肯定的，就是当孩子与老师发生矛盾时，不要急着去抱怨孩子，而是要倾听孩子的心声，站在孩子的角度思考问题，进而疏导孩子，做好解释说明工作。特别是责任明显不在孩子一边时，更应如此。当然，这并不意味着，家长要事事护着孩子，把一切责任都推到老师身上。

15

"我才是真正的胜利者!"
让孩子正确面对一时的失意

核心观点

- 学校一定要给学生多创造一些终生难忘的体验活动。
- 家长和老师教育孩子,要勇于自信地正视自己的不足,才能让孩子学会完善自我、不断成长。
- 自我反思,通俗地讲,就是出了任何问题,不能总是抱怨别人,要学会从自己身上找原因。
- 追求"付出就必须有回报",可能回报会不那么称心如意。
- 家长要谨记:不要太在意结果,过程会更加精彩。过于关注结果,可能会丢失过程的收获。
- 要让孩子学会自主管理,就要让孩子参与与自己有关的重要事务的决策,而不能完全由大人做主。

这天，一年一度的省级三好学生名额下达到某重点中学。

德育处李主任拿到文件后，找到新履职的杨校长说："我们可不可以按照以前的惯例，让各班级推荐一下各自的三好学生候选人名单，然后，我们和班主任、年级协商后，再报行政会议研究，确定一个人选上报上级教育主管部门？"

"为什么学生的事情要老师和我们来研究？"杨校长想了一下，自言自语道，"是不是让学生自己来选择更好？"

"只有一个名额，不好选呀。"李主任有点为难。

"办法总是人想出来的，你们开动脑筋去想。我相信，你们一定能想出更好的办法。等你们想好了，咱们再来协商。"杨校长的态度不由分说。

第二天下午，李主任经过一天多时间的思考和调研，终于想到了好主意，又兴冲冲地找到杨校长："您看这样可否？每个班选出一名候选人，然后把 10 个班分成两个区：1~5 班为一个区，6~10 班为一个区。1~5 班的候选人按照抽签的顺序分别到 6~10 班演讲，6~10 班的候选人则到 1~5 班演讲。两个区的同学一人一票分别选出一名候选人。然后，选出的这两个候选人再到全校同学面前演讲，由全校同学一人一票投票选出最终人选。"

"我就知道,你们能想出更好的办法,果然不出所料。"杨校长由衷地赞叹道,"这实际上是对所有同学进行教育的过程。既能选出最能代表学生的代表,又能起到教育作用。何乐而不为?不过,这样的设计要多和班主任老师、学生交流,充分尊重师生特别是学生的意见和建议。"

两个人经过协商后,李主任分别召开班主任和学生代表座谈会,对产生省级三好学生以及类似的先进学生的评选程序进行了充分讨论和完善,达成了师生的共识,最后,通过行政会把相关程序确定了下来。

接着,学校开始进行分区选举:每个班通过参选代表演讲,一人一票选出候选人。接着,每个候选人准备3分钟演讲,然后,在另外一个区的各个班级演讲。最后,两区分别选出6位同学进入全校终选。

那天上午,经过一轮比赛后,剩下小林和小易2个同学进入最后一轮角逐,全校同学都在盼望着这一幕的到来。

"我各科成绩非常优秀,也能遵守各项规章制度,团结同学,尊敬老师,各方面都受到老师和同学的好评……"小易同学的演讲突出个人表现。

"我各科成绩不是最好,但也很优秀。我的突出优点是,担任学生会主席,非常乐于助人,热心帮助同学,对学生会工作非常认真……"按抽签顺序,后一个出场的小林更突出了自己在集体事务上的表现。

在全校同学填写选票的时候,杨校长客串主持人,询问两位同学:"你们分别预测一下谁会获胜?"

"这是一个难题。我觉得,我的演讲主要是突出了个人的优势,而小林同学学习和各方面都很好,而且还承担了很多社会工作。要是我选的话,我会选择小林。"显然,小易对自己的把握不大。

"我很优秀,小易也非常优秀。但相较而言,我也觉得,我会胜出。"小林当仁不让。

接着,杨校长又采访了其他几个同学和老师,结论似乎一边倒:小林胜出的可能性比较大。

然而，统计的结果却让校长和师生们大吃一惊：小林以微弱差距落后小易，小易最终胜出。

评选结果当场宣布后，两位同学分别发表感言。

"今天对我来说，一定会终生难忘。虽然我输了，而且输得非常不甘心。但我尊重大家的选择。我会认真反思自己的问题，争取让自己变得更优秀。"落选的小林似乎有点不大开心。

"真是个天大的意外。我没有想到，胜出的会是我。虽然胜出的是我，但我觉得，这是我们包括小林在内的每一个同学的胜利，因为每个同学在这个过程中都参与了。感谢学校通过这样方式选出省级三好学生。可能，同学们觉得小林要求太严了，但是，她也是为大家好。小林，别难受。大家也许现在不理解，以后一定会理解的。"小易的话说出了杨校长的心声。

竞选结束后，同学们都离开了，杨校长发现小林却趴在班主任肩头哽咽起来，刚才在台上始终面带笑容的小林完全变了个人。"你表现得比我想象得好，因为刚才在台上你没有任何过激反应。要是我是你，我比你更难受，行为更激烈。因此，我要向你学习。"杨校长拍了拍这个眼泪巴巴的孩子的肩膀，颇有点同情，"为同学们服务，耽误了那么多时间，却没有得到同学们的认可。我知道，对你来说，这是个不小的打击。但我们做工作不是为了得到同学的认可，而是为了锻炼自己的能力。当然,你也要反思问题。如果咱们在管理的时候,更关注同学的感受;如果在发表演讲的时候,更多一些谦虚……也许,今天的结果会改变。我相信,经过这件事,你一定会变得更加强大。即使你没有胜出,也一定比你胜出了,对你的一生影响更大。"

也许是杨校长的劝解起了作用,也许是小林本身足够强大。杨校长说完后,小林抬起头来,露出自信的微笑。

几天后,小林给杨校长说了这么一句话:"虽然我输了,但值了,这件事令我终生难忘。我如果由此开始学会了自我反思,就会变得更加强大,最终就能赢得成功,也才是真正的胜利者。"

阅读建议

学会自主管理很重要

这个带给学生终生难忘的体验的案例,至少应该给老师和家长四点启示。

一是带给学生终生难忘的体验的活动,往往是学生和教师精心设计的结果。学校一定要多设计这样的活动,要让师生共同参与到这样的活动,使这样的活动更具有自我教育的意义和价值。

二是教育孩子一定要有自我反思意识,不能出了问题都怪别人。"金无足赤,人无完人"。一个人只有敢于正视自己的不足,才能在学习生活中有所警觉,有效避免衍生出不应有的败局;勇于自信地正视自己的不足,才能够自我完善、不断强大,这才是真正的胜利。而为学生创造一个终生难忘的机遇的学校,才能让学生都成为真正的胜利者。

三是教育孩子不要太在意认真做事的回报,特别是当下的回报。有回报,不必扬扬得意;没有回报,一样笑对人生。付出的努力和汗水不一定马上有回报,有时终其一生也不一定有回报。不要太在意结果,过程会更加精彩。过于关注结果,可能会丢失过程的收获。

四是自主管理要尊重孩子的意愿。很多老师和家长都说要让孩子学会自主管理,但这种自主管理往往只是要求学生按照老师或家长的要求去做，并不理会这种要求是不是孩子能够接受的。诚然，老师和家长的要求一般来说，都是合理的、正确的，但要让孩子学会自主管理，却不让孩子参与重要事务的决策，或者孩子有关的事情（比如，评选三好学生、优秀学生干部等）完全由大人做主，则是不可能实现真正的自主管理的。道理很简单，孩子的事情和对孩子的要求都由大人决定，不管孩子接受不接受、愿意不愿意，没有半点自主的意味。

孩子要学会自主管理，得让孩子自己在大人们的引导下，自己讨论决定制度该怎样制订，操作该怎样去执行，这个过程，就是对孩子最好的教育过程。因为有了这个过程，孩子们就更能体谅大人们的良苦用心，就更能理解这样要求和这样做的价值和意义。

16

40多天自学
胜过6年多系统学习？
帮助孩子逐渐形成自学能力

> **核心观点**
>
> - 没教会孩子自学的老师是不合格的老师，没学会自学的孩子是不合格的学生。
> - 自学就是孩子自觉主动地学习。家长和老师的作用就是激发孩子建立起学习兴趣，指导孩子选择适当的方法。而良好的读书习惯就是最好的自学行为。
> - 调查表明：不少优秀的孩子上课听讲时间不会超过一半，更多的是在独立思考、自我学习。因此，家长不应该一味地要孩子专心听讲。
> - 选一些比较难的单词的小故事让孩子阅读，这样的学习会使单词学习变得简单、有趣。
> - 只要是孩子想干的事情、愿意干的事情，经过一定的方法指导后，完全有可能达到成人想不到的效果。
> - 既然孩子的潜力是无穷的，家长和老师没有必要牺牲孩子的快乐、剥夺孩子的童年，让孩子整天学习那几本薄薄的教科书。

六年级快读完时,小勇因爸爸工作调动的原因,需要从内地城市转到沿海城市读书。由于小勇家住得离当地一所外语特色品牌学校较近,加上小勇的爸爸是当地引进的人才,小勇有机会去这所名校去读书,这让小勇和爸爸非常开心。

临近暑假,小勇爸爸接到学校要求面谈的通知。接到电话后半个小时内,小勇爸爸就迫不及待地带着小勇来到该学校主管领导的办公室。

还没有等主管领导开口,小勇爸爸就介绍起孩子的情况:"我的孩子在内地一所非常好的小学读书,各门功课都很优秀。"为了突出英语学习,小勇爸爸还专门介绍了孩子英语的学习状态,"学校五年级开始开英语,孩子这两年学习很认真,英语成绩一直很优秀。"

"学了两年,就可以说英语学习很优秀?"主管领导冷冰冰地问。

"孩子的优秀是相对的。比起咱们这所学校来,内地学习英语时间较短,肯定与咱们的学生有差距。但孩子经过努力应该是可以跟得上的。"小勇爸爸试图跟主管领导套近乎。

"学过两年,怎么就能跟上我们学校的学习呢?"主管领导的回应让小勇和爸爸有点不那么舒心,"我们的学生从幼儿园就开始学习英语了。进入小学后，学的是英国朗文公司出版的原版少儿英语教材，每周英语课要上 3 课时，而且还有外籍教师上的英语口语课。很多家长为了让孩子学好英语，还专门给孩子报了补习班。这么长时间的英语学习，你的孩子肯定跟不上。"

说到这里，主管领导稍微停顿了下，看到小勇爸爸表情沉重，接着说道："我们学校也有不少从内地转来的优秀学生，家长不听我们的劝解，非要来我们学校读书。结果，来了后，因为英语学习差距很大，影响到其他学科的学习，严重影响了孩子的自信心，学习效果并没有达到家长的期望。所以，我们建议你还是考虑一下去别的学校读书的可能吧。"

"孩子还是在这所学校读书吧。他很聪明的，一定能赶上学校对外语学习进度的。"虽然主管领导等于变相拒绝了小勇转学的申请，但小勇爸爸还是不肯放弃这个难得的进名校学习的机会。

看到小勇爸爸坚持要读这所学校，主管领导也无奈，只好给小勇爸爸继续施加压力："我们实行分层教学，孩子转进来后，都要参加我们的数学和英语分层测试。测试成绩不好的，只能读层次比较低的 A 班，基本上没有读最好的 C 班的可能。当然，我们考虑的主要是要因材施教，使学习内容与孩子的学习基础相适应。"

"孩子，看到了吧？人家不欢迎你。"小勇爸爸离开学校主管领导办公室后,边走边与孩子交流,"这个暑假。你可能玩不了了,咱得好好补补英语呀!"

"爸爸,听你的。你放心,我一定会努力的。"小勇是个非常乖的孩子。

但怎么补英语,小勇爸爸并没有主意。在请教了一个在国外留学的朋友之后,小勇爸爸确定了孩子补习外语的办法:每天让暂时还没有工作的孩子妈妈和孩子一起,通过看《新概念英语》第二册的视频,和孩子一起学习英语,而且两人每天还进行竞赛,看谁记单词快,看谁背课文快。

小勇妈妈已经接近40岁了,虽然上大学时,学过一点英语,但因为多年不用,基本上都"还"给老师了。然而,正是由于她的英语学习起点和小勇的差不多,两人的英语学习才有点比赛的味道。

为了能让孩子的英语学习在短短的40多天内有一个明显的变化,从学校回到家后,小勇的父母连夜和孩子一起制订了学习目标:40天完成40篇《新概念英语》第二册课文的学习任务,记住这40篇课文的单词,能复述40篇课文的内容。具体到每天就是,每天必须完成一篇课文的学习和课文后的相关练习。

从这一天到开学前的检测,总共不到50天时间,实现英语学习的这个目标绝非易事,必须制订严密的学习计划。于是,一家三口根据这个目标,一起商量着制订了每天详细的

学习作息时间表：7点30分到8点，复习昨天学习的内容；8~9点，看课文视频，跟着视频读课文。9~10点，通过英汉双语词典各自查不懂的单词，标注读音，并把单词的英文释义和中文释义写在单词本上；10点30分到11点30分，再跟着视频读课文；2点30分到3点30分，两人自读课文，记单词，尝试理解课文的大意，并通过阅读中英文比较课本，更正、加深对课文的理解；4~5点，两人分别把课文每一段的关键句找出来，并把这些句子连接成一个能够表达文章内容的短文；傍晚7~8点，两人交换下午学习的感受，对各自总结的概括本篇文章内容的短文进行更正；晚上8点到9点30分，相互检查单词记忆效果，复述课文内容，并在检查过程中，交流各自记

单词的经验。然后，各自完成课后练习，并核对答案。每个周日，两人对本周学习内容进行复习小结。

虽然小勇妈妈已经把以前学过的内容忘得差不多了，但毕竟还是学过英语，有一定的基础，因此小勇妈妈虽然告诉孩子，她自己的和孩子的基础一样，甚至学习起来比孩子还吃力，但在具体的学习中，还是能及时引导孩子纠正学习中的问题，并鼓励孩子总结英语学习规律。

一天复一天，小勇和妈妈坚持按事先的计划坚持着。

就这样，虽然有时难度较大的课文时会影响学习进度，但由于母子两人互相学习，互相鼓励，终于在开学前完成了学习任务：基本上把 40 篇课文的单词记住了，并能复述每一篇文章的大意。

艰难的暑假终于结束了。在参加这所学校组织的初一新生分层次考试中，小勇的英语成绩不但令学校领导大吃一惊，而且让小勇父母悬着的心终于落到了地上：小勇达到了该校最好层次班的学习标准，分到了 C 班。

也许是这个暑假的自学为小勇积累了学习英语的经验，也许是小勇的学习态度非常明确，学习毅力较强，小勇的英语学习越来越好，进步越来越大，在 3 年后的中考中，英语成绩在该校全年级中名列前茅。

阅读建议

不会自学的孩子,无法有效提高成绩

案例中的孩子从几乎"零基础",通过自学,每天学一篇课文,40多天就能在分层测试中取得比六年多系统学习还要好的成绩。这值得每一位教师和家长深刻反思。40多天能学到这个程度的事实充分证明,只要是学生想干的事情、愿意干的事情,经过一定的方法指导后,完全有可能达到成年人想不到的效果。

尤其需要教师和家长思考的问题是,孩子的潜力到底有多大?这个事实说明,当孩子心智相对成熟后,可以在较短时间内,完成以前需要很多时间完成的学习任务,因此家长和老师大可不必急于求成。那么,问题来了,既然孩子的潜力是无穷的,家长和教师有没有必要牺牲孩子的快乐、剥夺孩子幸福的童年,给孩子施加那么大的压力,让孩子整天坐在教室学习那几本薄薄的教科书,做没完没了的机械的重复训练,而放弃发展孩子天赋和个性特长的大好时机呢?这样做,是不让孩子输在起跑线上呢,还是在"催熟"或者"揠苗助长"呢?我想,答案是不言而喻的。

还有,在小学时期,孩子就可以预习自己学,为什么初高中后,大多数孩子依然不会预习、不会自学?是不是因为小学阶段,我们的老师和家长没有给学生自我消化的机会,只是一味地喂给学生容易消化的简单知识,让学生学习的"消化道"在简单、机械、重复的学习过程中，丧失了自我"消化"的能力？因此，在幼儿园和小学阶段，老师和家长都要高度重视学习"消化道"建设，让孩子从小养成自学的习惯。

我与一个中文说得不错的美国专家交流过很长时间，外国的学生在幼儿以及在小学阶段，是没有多少压力的，压力是在孩子长大的过程慢慢增加的，到了高中阶段，那些希望有所作为的孩子每天睡觉不足 5 个小时，而且这种学习压力并非来源于老师和家长，都是自己给自己施加的。而我们恰恰不是这样的，幼儿园、小学就给孩子施加了很大的学习压力，到了初中后，很少有学习的爆发力，有的甚至开始厌学。这样的孩子从幼儿园、小学开始，"智力弹簧"就绷得紧紧的，逐渐地失去了"弹性"，到了初中或者高中后，就一点"弹性"都没有了，因此很多在小学阶段家长管理比较严格、学习成绩比较突出的孩子，到了初高中后，会变成"差生"。

教是为了不教。教育的终极目的，就是让孩子学会学习。我与很多优秀学生交流，他们每堂课专心听讲的时间不超过一半，其余时间，都在独立思考和自主学习。

通过这个案例，家长们应该吸取的经验和教训是，最好不要在小学阶段给孩子太多的压力，不要过于重视小学阶段的学习成绩，而要让孩子的知识面宽一些、再宽一些，把不给孩子进行机械、重复、简单训练腾出来的时间，用在培养孩子的兴趣和爱好上，让孩子有一个幸福、快乐、智慧的童年。此外，家长要引导孩子学会自主学习，不要一味地强调孩子要专心听讲，而是要鼓励学会独立思考、分享观点，因为只有这样，孩子才可能学会自主学习。

16 从小事抓起，建设先进集体

鼓励参与班级管理，营造更好的学习氛围

核心观点

- 当班级所有成员由一个个自由任性的原子重新回归集体时，建设优秀团队的目标就有了实现的可能。
- 中学生与集体总是一种若即若离的状态：如果班集体吸引力大一点，他们就会紧密团结在班级周围。反之亦然。
- 学习是孩子自己的事情，不应该把学习与集体荣誉感挂钩。
- 作为本书收集的唯一的班级建设案例，收集这一案例的目的很简单，那就是要告诉家长们，合作精神对孩子的成长至关重要。
- 家长和老师不需要喊更多的口号、提更多的要求，只需要鼓励孩子把眼前的事情做好，就能激励孩子从小成功走向大成功。
- 让孩子有足够的自信，就要选择孩子容易做好的事情，让他们把这些事情做好、做到极致，然后逐渐迁移到别的事情上。

黎老师是某寄宿制普通初中的优秀教师，之所以非常优秀，是因为他带"差班"特别出名：每接手一个"差班"，都会在短时间内取得明显效果。

　　这不，这年9月，学校又把一个没人愿意带的班级交给了他。据说，在黎老师之前，这个班级已经换了好几任班主任，但收效甚微。于是，学校领导又想到了他这个"差班"转化能手。

　　开学第一天的第一次班级教育活动，就显示了黎老师的与众不同：与别的班主任不同，黎老师没有按照学校的要求，用一个下午的时间宣讲有关的纪律要求和班级的管理规定，而是仅仅用10分钟后不到的时间，讲了10句话，便结束了他与这班孩子的第一次互动：

　　"今天的班级教育活动，我只想讲10句话。"黎老师的开场白非常简洁明了，"同学们，你们班没人愿意担任班主任。我也是迫不得已，没有办法才'打肿脸充胖子'，抱着'临时抱佛脚'的态度试试看。因此，我现在还不是你们的班主任，因为我是'赶着鸭子上架的'，这个'鸭子'是不是会持久待在'架子'上，只能'骑驴看唱本走着瞧'。这是我要给大家讲的第一句话！"

接着,他话锋一转:"第二句话,尽管这样,我还是希望我和你们能成为'一伙儿',我也相信,只要大家共同努力,我们就能成为'一伙儿'。大家能证明给我看吗?"

得到学生的肯定回答后,黎老师继续说道:"第三句话,大家跟我成为'一伙儿'有条件吗?当然有,这个条件就是,证明给我看,你们是最优秀的;证明给所有的老师和同学看,你们是最优秀的。但什么是最优秀的呢?我也说不清楚。"

卖了个"关子"后,黎老师说出了自己的真正意图:"第四句话,怎么证明你们是最优秀的?其实,我对最优秀的要求并不高,咱们就从明天的出操开始吧。我的要求很简单:按时出操,路队整齐。我相信你们能做好这些简单的事情。但前提是,不要让我督促大家起床,也不要让我给你们安排队形。"(注:黎老师所在的学校是寄宿制初中,学生都住在学校,每天早上都要整队上早操。)

说到这里,黎老师进一步强调:"第五句话,如果明天早上大家能做好这件简单的事情,我们就有可能是'一伙儿'的。怎么样,大家有信心吗?"

回答当然是肯定的,黎老师提高了嗓门:"第六句话,按照学校的规定,今天所有班主任都要用一下午的时间开展入学教育。但我不想这样做,我也没有别的话讲了,可以结束了。但是,这个时候,别的班级都在进行班会,我们不能

来回走动,影响别的班级的教育活动。那你们打算做些什么呢?"

这时,班上的体育委员站起来说:"老师,我想组织排队。因为我想着明天早上能把那件事做好,以证明我们的是最优秀的。"

黎老师赞许道:"好的。之后呢?"

"之后,就是回到宿舍把我们的铺盖弄好,我们的铺盖现在还乱七八糟地放着。"体育委员解释道。

"我的第七句话讲完了,现在讲第八句话。"黎老师在体育委员说完之后,继续说,"学校领导都说,我带的班都是最优秀的班级。现在叫我来接你们班。大家知道为什么吗？"

看同学们默不作声，黎老师哈哈大笑道："原因很简单，学校领导认为你们一定会成为最优秀的班级。而我愿意接这个班，是因为我认为你们有成为最优秀班级的潜质。虽然很多人瞧不起大家，但是我还是来了。大家能给我这个信任吗？"

学生不约而同齐声说道："老师，请您放心，我们一定会对得起领导和您的信任。"

"很好，明天早上将要见证这个奇迹。这是，我今天讲的第10句话。记着，不要让我做不该我做的事。大家记住了哪些事情是不该老师做的事情吗？比如，登记迟到、督促打扫卫生、安排座位、早操站队……诸如此类。怎么样？能不能证明给我、其他老师和同学们看？"黎老师继续煽动。

"能！"同学们的回答非常干脆。

这次入学教育活动，应该是那帮孩子最开心的一次，原因很简单，本来要接受一下午的训话，结果不到10分钟结束了。教育活动结束后，黎老师就忙自己的事情去了，同学们则在体育委员的带领下，进行队列训练和内务检查。

第二天早上，黎老师第一个来到了操场，与其他班主任不同的是，他没有跟着班级一起出操，而是自己一个人在操场上跑步。

这时，运动场入口处，传来了体育老师的喊声："站住，这是哪个班的？班主任在哪儿？"

黎老师知道他的"那伙人"来了。

于是，黎老师走到运动场入口处，用"大拇指"给自己的学生点了赞。

这一天的早操，是这个班级有史以来最好的一次。

上午的活动结束后，黎老师高兴地班级夸奖道："'人数最齐，到场最早，队伍最好，声音最亮。'体育老师'四个最'的评价，就是对你们最优秀的高度肯定。"

看同学们个个都非常开心，黎老师挥了挥手，示意大家安静下来。接着，对学生的行为进行了鼓励和肯定："今天，我想讲两句话：第一句话，今天大家给了我也给了你们自己希望和信心。因为这件事情能做好，我相信别的事情也可以做好。但重要的是坚持，如果能把这个礼拜坚持下去，那就能证明给其他老师和同学，你们是最优秀的。第二句话，如果这个礼拜，老师们没有投诉大家违反纪律的事情。那就证明，我们确实是最优秀的集体。我带的班级之所以是最优秀的班级，是因为我从不管这些本该属于同学们自己能做到的事情，这样我才有时间和精力操心身心健康和学业发展的大事。如果大家能给老师留点这样的时间，我就有信心，让这个班级成为最优秀的班级。怎么样？大家能做到吗？"

"能！"同学们的声音非常洪亮。

接着，黎老师让学生自己讨论有关的规定和纪律公约……

一周后,班级第一次获得了学校的"优秀班级"称号,受到学校领导的表彰和肯定。

就这样,一周接着一周,这个班级逐渐变成了学校的优秀班级。

阅读建议

在参与班级管理中，培养合作意识和团队精神

这是本书中收集的唯一的班级建设案例。收集这个案例的目的很简单，就是要告诉老师和家长，合作精神以及班级建设对于孩子成长的极端重要性。建设优秀班级的关键是建立支持的、成长的、宽容的、尊重的环境，让班级的每一个孩子有足够的信心。如何树立班级每一个学生的信心？我觉得，关键是要相信学生的能量，相信班级团队的能量，让每一个在班级团队里的人都觉得这个团队能够成为优秀团队，凡是学生能做好的事，教师一定要放手让学生自己去做。

没有任何一个学生希望自己的班级是"差班"，除非他们的精神出了问题。如何让学生有足够的自信，就是要选择学生能做的、容易做好的事情入手，把小事情做好、做到极致，然后逐渐迁移到别的事情上。让每个学生产生自信，班主任不能歧视任何一个学生。如果班级有歧视行为，这些被歧视的学生是不可能希望班级成为优秀班级的，因为他们会觉得优秀班级建设与他们是没有关系的。

很多学校对班级的管理都是从一件件琐碎的事情入手的，比如，多少人迟到早退，队伍整齐不整齐，卫生怎么样，纪律是否安静等。而班主任往往把这些事情都当成班主任自己的事情，竭尽全力去管这些事情。其实,这些事情都是学生自己的事情,都应该交给学生去做,都应该相信学生自己能管好。我们的老师往往是这样教育学生的:你们要认真做好这样那样的事情,把这个班级建设成优秀班级。但从学生的角度看,他们可能会这么思考问题,老师想让我们做好这件事情,不就是他自己想当优秀班主任吗,与我们没有什么关系。学校周一表扬的事情,则会这样表扬:一班获得优秀班级,班主任是某某某,这也似乎与学生没有什么关系。因此,建立优秀团队一定要考虑学生在想什么,得到荣誉会给学生带来什么。如果老师不考虑这些因素,老师所做的任何让班级成为优秀班级的努力,都将化为泡影。

一个姓刘的老师给我讲过一个真实的案例:学校进行卫生检查,标准很高,比如,窗户擦了没有,门框擦了没有,甚至灯管擦了没有等都要检查。每次学校组织卫生检查的时候,其他班级都会安排所有同学打扫卫生,而刘老师则不同,照旧按平时的安排,组织大扫除。班级干部说,老师,这样不行,一会儿学校检查时,我们做不好,您会挨批评的。刘老师说,批评我没有关系,保持好就行了,咱们不做表面文章。结果,其他班级都打扫得很干净,刘老师这个班的效果却不好:门框上面、黑板边框上都有灰尘,学校领导当场就批评了刘老师。但从那次检查之后,班级的卫生就做得很干净了。其中的道理很简单,因为学生觉得因为老师为学生着想而挨批评,他们以后再也不能让老师为此而受到批评。因此,老师替学生着想,学生就会替老师着想。

这个案例还说明,家长和老师如果希望学生成为优秀的学生,不需要喊更多的口号、提更多的要求,而只需要鼓励学生把眼前能做的事情做好，眼前能做的任务做完，就能激发孩子们从小成功走向大成功。为此，家长和教师要从内心深处相信学生一定能把自己会做的事情做得更好，并随时予以鼓励和帮助。这样，家长或老师就会发现自己的孩子跟其他学生不一样，学生也会按照自己的希望和要求逐渐转变。相反，家长、老师反复督促他、命令他，要求学生这个事情必须怎么怎么做，那个事情必须怎么怎么做。这样的话，即便学生当时能做好，事后也不会收到好的效果，家长和老师也会每次都去这样督促和命令学生该如何如何，只会让自己非常辛苦，而且效果越来越差。

值得一提的是，优秀班级团队建设对于班级学习氛围影响极为重要。因此，单纯从为提高自己孩子的学习成绩这个狭隘的角度看，家长也应该鼓励孩子积极参加班级团队建设有关的活动，支持孩子为建设优秀班级团队竭尽全力，而不是相反。

第四章

"弯道超车"
有赖于思维力的有效提升

每个成绩不好的家长都希望自己的孩子实现"弯道超车",这些家长以为只要孩子努力学习,就能达到这样的目的。其实不然,实现学习成绩的"弯道超车",必须让孩子树立必胜的自信心,并在此基础上,帮助孩子提高思维力,让孩子学会"偷懒",掌握科学的学习方法。

18

"抄"出好成绩

关心孩子的学习负担，胜过关注学习成绩

核心观点

- 孩子之所以抄作业，多数情况下是因为老师布置的作业量过大，或者作业难度过高。
- 在国外，抄作业是非常严重的道德问题。所以，打算出国留学的孩子千万不要养成这个习惯。
- 我们的家长和老师不妨学学国外的做法：孩子实在不能完成作业，可以找老师说明情况，老师会延长完成作业的时间。换句话说，孩子可以不按时完成作业，但绝对不可以抄袭作业。
- 因为基础弱或作业多，完成不了作业，是情有可原的。家长应该在充分了解孩子实际的基础上，给老师做好解释工作。老师也应该宽容这些孩子这样的错误。
- 过量布置作业，往轻里说是不负责任，往重里说是严重的师德问题。因为布置过多机械、重复作业，就是在浪费孩子的时间和生命。
- 家长要关心孩子的学习负担，不要盲目给孩子增加课外作业。必要时，还要设法帮助孩子减轻过重的课业负担。

乍一听，这是个"悖论"。抄什么能抄出好成绩呀？很少会有人相信这样一个有悖常理的命题。且慢，听完常老师的叙述后，你会觉得，这个看似悖论的结论还真有那么一点道理。

"那是我工作生涯中遇到的最头疼的一个学生。"老常自己就是个老师，开门见山地说，"因为这个学生就是我的儿子。从教十几年，把一批又一批学生送到了全国重点大学。但儿子刚进入高中后的成绩，却让我感到异常不安。"

原来，初中各学科成绩还不错的儿子小常到了高中后，数学科目成绩却令老常头痛不已：不是班上倒数第一，就是倒数第二。因为数学成绩不大好，小常的学习积极性受到了很大打击，其他科目的成绩也不是很乐观。

看到孩子整天愁眉苦脸的样子，老常心里真不是滋味，急得团团转。

对孩子的成绩，老常看在眼里，急在心上。无奈，从来不主张给孩子找家教的老常，也只好硬着头皮，找了一个比较优秀的数学教师来给儿子补课。

见了这位老朋友，老常感到难以启口。但为了孩子的学习，他不得不开口求助于这位老朋友："请你帮忙给孩子补补课吧。这个孩子的情绪有点不大对头,实在是没有办法了。"

"你不是不主张搞家教吗?怎么遇到自己的孩子就不一样了。"这位老朋友有点半开玩笑半认真地说。

见老常脸色不大好,这位老朋友接着说:"没关系,我们是多年的好朋友,我会全力以赴帮助侄子的。放心吧!"

离开这位老朋友,老常感到有点无地自容,因为自己确实多次劝过这位老朋友不要搞家教了,并为此差点得罪了这位老朋友。

虽然把孩子交给老朋友补课,但老常心里还是有点不踏实,因为孩子对数学的学习兴趣,并没有因为补课而有明显的变化。

果然,坏消息又传来了。一个月以后,他的老朋友给他打来电话:"老常呀,不是老朋友不帮忙。我觉得,这孩子可能对高中数学不开窍。我这里有几个学生补课,别的孩子讲一遍就明白了,侄子讲3次也不大懂,其他孩子都有意见了。看来你得另请高明了。"

一番寒暄之后,看老朋友很为难,老常只好放弃了本来自己很难为情的做法,不得不停止让老朋友补课。

老朋友不愿意给小常补课,老常也不想再找别的家教了。

"怎么办?"老常不止一次地问自己。

反复思考之后,老常决定亲自和孩子谈谈。

"爸爸想跟你聊聊你的数学学习问题。"老常温和地说。

"爸爸,对不起。我可能不适合学数学,数学对我太难了。数学老师都这样说。"小常有点无奈。

"你初中数学不是很好吗?怎么说不适合学数学呢?"老常知道这是孩子受了老师的影响后才这样想的,因而他并没有责怪小常,而是试图鼓励小常。

"初中数学简单,高中数学难呀!"虽然小常对爸爸从来都很信任,但这件事情他显然并不完全接受爸爸的观点。

"你上小学一年级时学识数容易,还是你在初中学习方程式容易?"老常想通过这个简单的比方来打消孩子的顾虑,"人对知识的学习是循序渐进的,总有个由易到难的过程。高中数学比初中的难是显而易见的呀。"

"但也太难了呀,爸爸?"小常还是很灰心。

"那是因为你没有学好，所以才觉得太难。还记不记得，你初中刚开始学习物理时，不也总说难吗，后来不是学得很好呀！"老常拿孩子自己的实例进一步劝解孩子，"爸爸相信你一定能渡过眼前的难关。难道你自己不相信自己，也不相信爸爸？"

老常说完这句话之后，小常很久不说话。老常也默默地等着小常的反应。

过了半个小时后，小常才抬起头来，充满疑惑的脸上多少露出了一点希望："爸爸，我当然相信你。但我怎样才能改变数学学习的状况呀，毕竟我是班上排名倒数呀？"

"关键是你要有信心。只要你有信心，你的数学一定能学好。"老常边鼓励边问道，"你告诉爸爸，你现在上数学课能听懂吗？作业能做完吗？"

"听不懂，作业当然也做不完。"小常听老常这样问，刚鼓起来的勇气似乎又下去了一大半。

"你每天几点睡觉呀？"老常不紧不慢地问道。

"12点多。"小常低声说。

"每天睡那么少，怪不得上课没有精神呢？"老常边心疼地摸摸小常的头，边自言自语地说道，"这样好不好？你明天开始抄作业如何？"

"抄作业？爸爸，没有搞错吧？儿子从来不干那种事情，不行不行！"小常把头摇得像拨浪鼓一样。

"那么多作业，不抄你也做不完呀！再说，你也不会呀。咱们好好抄、认真抄，把它抄明白了。不是既省时间。又能学到方法吗？还有，你现在反正不是倒数第一就是倒数第二，还能抄出比这更坏的成绩吗？"老常非常肯定地说。

"爸爸，老师把答案都撕了，没有办法抄。"小常似乎接受了老常的观点，但又提出了新问题。

"我的儿子不会这么笨吧。再买一本不就得了呗？如果书上没有，你可以抄其他同学的。但要注意方法，不能让别人发现你在抄。瞄一眼，看明白了，再做。可以不？"老常轻松地说。

"那我试试。"小常似乎对老常的办法还是有疑虑。

"不，你要相信爸爸的主意，一定要认真抄。1、3、5题自己做，2、4、6题抄。如果还不能保证10点30分休息，就1、4、7题做，其他题目抄。无论如何休息时间要保证。"老常态度坚决地告诉孩子。

后来，老常给小常买了几本数学题解，让小常有时间多看看资料中的题解，以便从中学习解题方法和规律。

再后来，小常的数学老师经常向老常表扬小常："最近，小常进步多了，作业正确率提高了，上课有精神了，好像听课也能听明白了。总算开窍了。"

听到数学老师表扬孩子，老常怎么也高兴不起来。有时，背后还难免在心里埋汰老师一两句："抄作业还抄不对，那也太小看我的孩子了；睡眠时间和质量有保证，上课能没有精神吗？"

小常也因为老师批评少了，回到家时脸上堆满了笑容，对数学学习的畏惧感也逐渐消失了。

半年以后，奇迹发生了。小常的数学成绩从班上的倒数名次变成了中游。

虽然数学老师对小常的进步表扬有加，但还是劝老常不要让孩子学理科，怕小常的数学成绩到时候会影响高考的总成绩。但也许是因为小常喜欢理科，也许是老常对文科有偏见，小常最终还是选择了理科。

出乎几乎所有老师的意料，小常的高考分数竟上了重点线，考上了理想的大学。

阅读建议

家长要给不堪重负的孩子主动减负

老师和家长都以熟能生巧为由，强调大量练习的重要性。但如果以熟能生巧为借口，不顾学生的实际，盲目布置过量的作业，则是不可取的。其实，很多教师布置过量的作业，是怕别的科目作业多，学生不重视自己任教的学科，大家都这样想，只会使孩子的作业更多。然而，如果每门学科教师都布置过量的作业，都抢学生的时间，学生则是无法承受的，因为人的时间毕竟是有限的。

虽然各级教育行政部门多年来一直呼吁减轻学生过重的课业负担，但学生负担并没有明显减轻。究其原因就在于，许多教师不能对作业进行筛选，给学生布置了过多的重复、机械练习，以为只有这样做，才能保证学生学好功课。至于作业的类型、作用，很多教师并没有认真研究。

过量布置作业，轻一点说是不负责任，重一点说是误人子弟，是严重的师德问题，因为学生的生命是由一分一秒的时间构成的。老师布置那么多机械、重复的作业，不就是在严重浪费学生的时间吗？不就是对学生的生命不负责任吗？我觉得，教师应该正确认识作业的作用，树立辩证、发展的作业观。作业不应仅仅指书面作业，还应包括更能体现和锻炼智力、能力的动口、动手、动脑（如预习、自学等类型）的作业。教师对各种作业都要科学设计，而不要采取"拿来主义"——随便从教辅资料中选一些题目让学生来做，以尽可能使作业更符合学生的学习水平和能力，减少学生不必要的重复劳动，从而把学生完成作业的过程，变成他们学习"套餐"中"最可口的美味佳肴"之一——学生学习过程不可分割的有机组成部分。在日常教学中，不但要强调作业结果的重要性，更要强调作业过程对学生学习效率提高的价值，引导学生选择最有效、最优化的解题办法，设法提高学生完成作业的效率。

　　家长要关心孩子的学习负担，不但不要盲目给孩子增加作业，而且当孩子作业过重时，还要向案例中的主人公学习，体谅孩子的辛苦，帮助孩子减轻过重的课业负担。当然，如果自己的孩子不属于认真的孩子，做作业总是不认真，总是贪玩，则另当别论——先纠正这些不良习惯，再解决学习问题。

19 从"黑马"到黑马

抓住关键时间节点,激励孩子超越自我

核心观点

- 家长和老师永远不要低估宽恕孩子的力量,永远不要怕说"我不知道""对不起"。
- 能以健康、健全的人格追求去做学问,将会坚守自己的发现和创造,也会尊重别人的发现和创造。
- 只要孩子愿意做,老师和家长给予足够的支持,孩子可以做出惊天动地的事情。
- 家长、老师应该多鼓励孩子参加社会调研,了解自己喜欢的行业的情况。这样,孩子就会彻底了解不同行业的需求,并规划自己未来的人生。
- 如果要让孩子的身上发生奇迹,就必须让孩子自我觉醒,而不是屈从于家长和老师的强迫和压力。
- 在小学阶段,千万不要让孩子产生厌学情绪。否则,就难以为孩子积蓄到觉醒、发力、爆发所需要的足够能量。

小灵是一个大大咧咧的女孩子,上了初中后,依然没有把学习当回事。小灵的父母也觉得在小学阶段和初中阶段不要给太大的学习压力,过得去就行。直到初二下学期开学初的家长会后,班主任谢老师与小灵爸爸进行了深入交流,才使得小灵爸爸如梦初醒。

"你的孩子虽然很聪明,基础也不是很差,但总是不那么认真。恐怕这个时候,你们大人得管一管了。否则,孩子有可能考不上高中呀。"谢老师直截了当地说,"原因很简单,我们学校总共有160余名毕业生,小灵的成绩在120名,而我们学校每年考上高中的学生人数一般在110人左右。"

"啊?情况这么严重?"爸爸不敢相信自己的耳朵,"如果是这样,我们得跟孩子好好谈一谈了。老师在各科学习上还有什么要交代的吗?"

"小灵的基础不是很差,只要能端正态度,加大投入的力度,应该没有问题。"谢老师肯定地回答。

回到家后,小灵爸爸为这件事情专门召开了紧急家庭会议。

简单介绍了谢老师告诉的情况后,爸爸说明了此次会议的主题:"家长会上,班主任谢老师告诉我,小灵的学习成绩离中考要求差距较大，形势很严峻。我先做个自我检查，原因主要是我不够重视，对小灵的学习关心不够，要求不严。然后，请妈妈和小灵分别发言。好不好？"

"就是，我平时反复给你说，要关注孩子的学习，提高对孩子的要求，你就是听不进去。这下可好，老师约谈了。这可怎么办？"妈妈趁机抱怨起来。接着，又做了自我检查，"当然，我也有责任，就是对孩子学习这件事情没有高度重视，只是随意提醒了几次，对小灵要求也不严格。"

"你们这是变相批评我。"小灵非常机灵，"我当然知道问题的严重性。我会努力改变自己的，你们看我的行动吧。"

"光说努力是不行的。得说怎么努力，怎么改变？"妈妈的心情有点焦急。

"我当然知道自己的问题在哪里。"小灵眨巴眨巴眼睛，显得很镇定，"一是改变态度，重视物理、历史等薄弱学科的学习，争取这两门学科提高15分以上；二是把英语等优势学科的优势凸显出来，这些学科争取提高10分以上；三是适当延长学习时间，由每天3个小时的学习延长到4个小时；四是考试时注意技巧，避免不必要的失分，总分提高10分左右。这样下来，我相信，下次能提高30分以上，进入年级前100名，应该没有问题。"

"既然小灵这么聪明，也知道产生问题的原因和解决问题的办法，我们就不用多说了，具体就看你的行动吧。加油，

我们相信你。"看孩子把自己平时教的分析方法都用得很好,本来有很多话要说的爸爸,决定不再提更多的要求。

这次家庭会后,小灵确实比以前有了不小的变化,也基本上能按自己所想的去做。偶尔也有疏忽或忘记,但只要父母稍加提示,就能有效改正。

这个学期的最后一次考试,小灵实现了自己的目标:考到了年级98名。

就在这时,爸爸收到了谢老师的短信:"孩子这学期进步很大,但还是不能懈怠,才能争取更大的进步。"

看到这个短信,爸爸灵机一动,想到了一个主意:晚上请校长和谢老师一起交流一下,以便进一步激发小灵的积极性。之所以这么想,是因为小灵爸爸与校长是好朋友,也知道校长非常乐意帮助孩子和家长解决问题。于是,小灵爸爸马上电话校长,说明原委。没想到校长非常爽快,一口就答应了。

与校长约好后,小灵爸爸立即给谢老师打电话过去:"谢老师,非常感谢您对孩子的鼓励。今天晚上有空吗?我与你们校长约好了,希望与你、校长一起聊一聊。"

"好呀!校长会去吗?"听到校长愿意与自己一起交流,谢老师非常开心。

"没有问题。"小灵爸爸说完后,确定了交流的地点和具体时间。

这天晚上,大家按照约定,来到学校附近的小餐馆。

"小谢,你带班很有经验,很多家长都向我夸奖你,小灵爸爸就是个代表。"校长对谢老师的肯定,让谢老师像吃了蜜一样甜。

"就是就是。"爸爸接过校长的话题继续,"校长你可能还不知道,小灵回到家总说,谢老师经常鼓励自己,这才让小灵充满了正能量,取得了如此神速的进步。当然,更重要的是校长带兵有方。"

看到小灵爸爸说自己经常鼓励小灵,谢老师愣了一下。心想,我平时很少表扬小灵呀,小灵爸爸怎么这么说呀。也许是小灵爸爸毕竟是在校长面前表扬自己，也许是校长在旁边坐着，谢老师没有吱声，但听到小灵爸爸赞扬自己，谢老师还是感到很开心。

大约交流了半小时后，校长借故离开了。

"小灵爸爸，好像我没有怎么表扬小灵呀！"校长一离开，谢老师就说出自己的疑问。

"呵呵，可能是你表扬的同学多了，所以就忘了。孩子经常回来说，老师表扬我按时作业完成了，老师表扬我比以前进步了等。"小灵爸爸好像没有开玩笑的意思。

"哦，是吗？"谢老师看似漫不经心，却难以抑制激动的心情，"您今天除了向校长表扬我以外，还有什么要求，都说出来。"

"没有要求。"爸爸小心试探，"如果可以的话，我有一个小小的请求，就是希望你明天能好好表扬一下小灵，毕竟她这次进步很大。"

"您放心，这个要求不高，您不说我也会表扬的。"谢老师满口答应了。

第二天傍晚吃饭时，小灵非常开心，边吃着东西，边不停地说："今天，谢老师说我进步很大，是一匹'黑马'。"

看到自己与谢老师的交流起了效果，爸爸有点飘飘然的感觉："我就说嘛，我的丫头是个聪明的孩子，一定会说到做到。"

"你本身就是黑马,学习基础不错,如果再进一步加油,就会有更大的进步。"妈妈随口附和,"并不是因为老师表扬你是黑马,你才取得进步的。"

"其实,我并没有做多大努力,只是稍微改进了一点点,就取得了这个进步。要是我再努力,进步会更大。我一定不能辜负'黑马'这个雅号。"小灵丝毫没有谦虚的感觉。

"那就祝你取得更大的进步。"妈妈从小灵的话语里看到了希望。

"爸爸妈妈,明天开始,我要补习数学和物理,因为我自学这两门课有一定的难度。"小灵很认真地说。

"什么什么?是不是太阳从西边出来了?"此前小灵从来不愿意补课,但这次小灵态度非常认真,小灵爸爸也由开玩笑的语气变得认真起来,"好呀。只要你下决心,爸爸、妈妈一定支持你。"

初中的最后一个暑假如约而至,小灵给爸爸、妈妈拿回家的不是学校的操行评语,而是暑期补习的科目和时间,并给父母介绍了自己的暑期学习计划:"暑假期间,我每天补习功课4个小时,完成作业2个小时,复习以前学过的内容2个小时。请爸爸妈妈监督。"看父母有点诧异,小灵继续说,"你们得准备好钞票,以便我去报名参加培训班。"

"暑假是休息时间,可不可以每天少2个小时?"爸爸虽然乐在心里,但还是对孩子很心疼。

"谢谢爸爸关心。但是,由于我以前比别的同学少学了很多时间,我现在必须把以前的损失补回来。所以不能再少了。"小灵的态度毋庸置疑。

看着女儿的变化,爸爸如释重负,自己精心设计的与老师和校长聚餐的目标终于要变成现实了。

小灵说到做到,整个暑假都忙于复习和补习,而小灵父母每天做的事情就是晚上抽空陪孩子散步、聊天。

功夫不负有心人。在开学后的第一次月考中,小灵进步到年级 75 名。这个成绩使小灵信心倍增,学习更加努力和专心,更大的进步接踵而至:第二次月考,年级 50 名;期中考试,年级 40 名;期末考试,年级 25 名。总之,初三第一学期,小灵的成绩一次比一次好。当然,每一次考试进步后,也少不了班主任谢老师的表扬和鼓励。

"你已经很好了,接下来呢,只要继续保持现在的状态,甚至后退几名也没有多大关系。"在学期底的考试结束后,爸爸试图给小灵减压,"成绩只是对你努力学习的回报,自己用心去做了,成绩和排名是多少,就不那么重要了。"

"爸爸说得对,我会总结经验,继续努力的。"小灵的回答让父母听起来更开心了。

在初三第二学期的几次月考和模拟考试中,小灵偶尔也有退步,但始终保持在年级 25 名左右,最好的一次成绩还达到了年级 18 名。有一次退到年级 40 名时,看到小灵很着急,小灵的爸爸对孩子这样说道:"你的成绩已经非常不错了,你在进步的时候,别的同学也在努力,因此有退步是很正常的。即便你是40名或更后一点的名次都没有关系,因为你努力学习的态度和过程是最重要的。有付出就会有回报,但不要太看重回报。只要你能超越结果本身,信心百倍地面对未来的挑战,面对学习和生活都是一样的。因此,你千万不要把成绩和名次看得太重要了。"

小灵听了爸爸的这番话后,一扫这次考试失利对自己造成的消极影响,又信心百倍地投入到紧张的备考中。

中考前一天,小灵爸爸给小灵说了一段意味深长的话:"一年的不断进步证明,你的努力没有白费。明天中考了,爸爸没有什么多说的。只想说几句话,你只要放松心情,像对待平常考试一样对待中考,你就一定能发挥出较好的水平,至于结果如何,不那么不重要。不管考多少,爸爸妈妈都很开心,都会为你自豪。因为这一年的备考过程,就是你的人生历练过程,也是你快速进步的过程,更是你自我完善的过程。这是多少成绩都换不来的。"

小灵爸爸的这番话,让本来比较紧张的小灵的心情得到了有效释放——当天晚上,小灵没有像其他孩子一样焦虑,而是很早就轻松地进入梦乡了。

中考成绩揭晓的那天,小灵爸爸收到了孩子的短信:"爸爸,你不是在教育局有熟人吗?能不能请人帮我查一下,看看市招生办公室是不是把我的成绩搞错了？"

看到这个短信，正在单位开会的小灵爸爸心里有点焦急：难道孩子真的考砸了？但回忆起孩子一年的变化，爸爸还是这样回短信安慰小灵："孩子，不要着急，心里别难受。还是那句话，考了多少都不重要，父母都不会怪你。爸爸开完会就请假陪你。"

"你想到哪里去了？怎么这么不相信自己的女儿？"小灵的短信让爸爸摸不着头脑。

正在爸爸不知所云时，又接到了小灵的彩信，一看是孩子的成绩单，总分是728分，这个成绩可以被该市的任何一所名校录取。紧接着，小灵还发来了又一条短信："我从来没有考得这么好过：年级第八名。我都不相信这是真的。怎么可能呀？我想一定是市招生办公室搞错了。你一定要帮我查查，不要让我先喜后忧哟。"

"原来如此，吓了我一跳。你不要怀疑这个成绩，不会搞错的。没有不可能，只有不努力。我以前说过，付出了一定有回报。只要你继续努力，有效反思，修正自我，以后会更好的。"爸爸的这条短信充满了对小灵的信任。

在准备中考的一年时间里，小灵完成了从"黑马"到黑马的蜕变，把不可能变成了可能，也收获了人生奋斗的意义和价值，为未来的发展奠定了坚实的基础。

中考结束后，小灵收到了市里最好的学校的录取通知书。

后来，小灵在这所高中的实验班里不断进步，成绩名列前茅。

后来，小灵经过努力，考取了美国著名高校，向着自己的人生理想不断迈进。

阅读建议

先扬后抑：赏识后的期待更有效

一年时间完成了从落后学生到优秀学生的转化，再次说明了这样一个道理，学生的潜力是无限的。

学生想干的时候，一定能干成我们成年人认为不可能的事情。所以没有不可能。在学生身上发生的任何事情，家长和老师都是可以期待的。但是，这个奇迹的发生一定是靠学生的自我觉醒，而不是屈从于家长和老师的强迫和压力。

在小学阶段，师长千万不要让孩子对学习产生厌恶的感觉，不要让学生觉得学习是毫无意义的事情或无聊透顶的事情，以便能使孩子在该觉醒、发力、暴发的时候，积蓄到足够的能量。说到底，教育的问题，关键是态度问题、方法问题，尤其是家长和老师怎么看待学生，怎么要求学生，显得更为重要。

在马拉松比赛中，前面领跑的人很少到最后还能跑到前面。相反，比赛获得成功的人，多数是那些没有包袱，不急于领跑或者不急于把自己的力量呈现出来的人，都是那些能够均匀地释放自己的力量，并在这个过程中让自己不断地适应奔跑的人。只有这些人，才能在最后关头爆发、冲刺，把潜能充分、彻底地激发出来。人的教育过程就如同马拉松长跑，家长和老师千万不要在基础教育 15 年学习长跑的起始阶段，就让孩子开足马力拼命奔跑，就让孩子抢跑、冲刺，就希望孩子跑在别人的前面。如果这样，孩子的起步就会太急了，不但会导致兴趣的丧失，而且还会导致后续暴发所需要积累的能量不足等问题。这样的孩子，也很难在最后关头迎头追上甚至超越。

我觉得，这个孩子在一年这个短暂的时间里完成一次成功的"蜕变"，家长所起的作用并不是最主要的。只不过，在关键的时间点上，家长给孩子提供了应有的支持，提供了应有的信任，提供了应有的动力，让孩子在学习中完成了自我觉醒。因此，自我觉醒才是孩子快速进步的最根本原因。

20 从"无恶不作"到"全优学生"

**找到问题症结,
才能让孩子重拾自信和希望**

核心观点

- 如果孩子学的都不是他喜欢的、主动选择的,那么打游戏是他们缓解紧张而无趣生活的手段。
- 现实生活中,老师和家长过于看重权威,居高临下,不由自主地想把个人意志强加于孩子,而孩子也没有为谁而学的内在动力。
- 老师和家长经常观察学生,了解学生,就会在细节中找到撬动每个孩子学习的内在动力。
- 家长和老师要多考虑孩子内在的动力是从哪里来的,而不是用物质奖励来刺激孩子的学习。
- 一旦把孩子的内在问题解决好了,老师和家长以后就不用再费多大的精力和时间了,孩子的学习问题就会迎刃而解。
- 孩子自学比老师教学效果好的原因在于,孩子的学习是主动的。因此,教育并不难,关键是怎么撬动孩子学习的支点,让孩子产生强大的精神动力。

  作为一个有着 20 多年丰富经验、非常优秀的高中班主任，章老师对问题学生的转化有专门的研究。对待很多其他老师难以教育的学生，他都找到了有效的教育对策。

  在章老师的记忆里，最难教育的学生是他教龄刚满 10 年时，接手的一个高二年级某班的学生小卢：在上课时间，小卢要么递小纸条，要么鼾声如雷，要么搞小动作，几乎没有一节课不影响其他学生的学习；课下，小卢的各学科作业都不能完成，迟到早退更是家常便饭；班上每一个任课教师几乎每天都要投诉小卢；更为严重的是，不论哪个老师批评小卢，他都会顶嘴，有时甚至对老师恶言恶语，非常不礼貌。

  经过与小卢高一的班主任交流，章老师了解到小卢从进入这所高中就这样。虽然原来的班主任和任课教师想了很多办法，但都没有对小卢起到任何实质性的效果。面对这样的学生，章老师知道，其他班主任用传统办法不能解决的问题，诸如请家长合作教育、在全班同学面前检查、让同学帮助教育、找这个同学个别谈心、要求学校给予纪律处分等，自己即便很用心地采取这些办法，也不可能从根本上解决小卢的问题。

  于是，每当别的老师投诉时，章老师都说这样一句话："大家都知道，小卢的问题不是一时半会儿就能解决的，因此，咱们不能急，而是要一起想办法。大家给我点时间，多点耐心。"虽然每天都有老师和班干部投诉，但章老师却一直没有去找小卢谈话或批评小卢。只是每天从侧面观察小卢的表现，并默默记录小卢的违纪行为，试图通过一段时间的归类分析，找到小卢存在问题的原因。

然而，观察、记录了两个礼拜后，章老师发现，小卢的问题归纳起来就几个字：无心向学，情绪很坏，大错没有，小错不断。但导致这些问题的原因却始终找不到。为了进一步了解小卢的问题，章老师找到小卢以前在初中的几个同学，他们一致说，小卢在初一时是个好学生。初二以后，突然变成这个样子。至于为什么会变成这样，这些学生也说不清楚。

无奈之下，章老师找到小卢初中时的班主任，希望能从与这个班主任的交流中，找到小卢初二突然变化的原因。

"初二学生分化很正常，应该没有什么原因。"这个班主任回应道。

"在初一到初二期间，这个同学与其他同学有没有严重的冲突，或者他们家里有没有出现意外？"章老师希望通过这个问题，能引导原班主任回忆起当时的一些情形。

"哦，我想起来了，初一暑假期间，小卢妈妈突然去世了。"原班主任想了半天才想了起来，"不过，这个事情好像跟小卢的变化没有多大关系吧？"

与原班主任交流后，章老师想，小卢的变化一定与他家的这个变故有关。于是,章老师决定,在上学期间,去小卢家进行家访。之所以选择学生上学期间进行家访,是因为章老师怕小卢在家时,不方便与他的家长进行交流。

令章老师意外的是,敲开小卢家的门,小卢爸爸竟然这样说道:"老师,别找我啦。为什么呢?你找我也没用的,小卢没救了。"说完,小卢的爸爸就要关门,大有把章老师拒之门外的架势。

"我骑自行车骑了这么远,来看望你,你总不至于不让我到你家坐坐喝口水吧?"看到此种情景,章老师急中生智,希望能跟小卢爸爸有个交流的机会。

"坐坐喝口水没有问题。"小卢爸爸说这句话时面无表情,"但你得答应我一个条件,你不能跟我谈孩子的事情。"

得到章老师的同意后,小卢爸爸让章老师进了家门。

"喝口水是个借口,实际上,我是想和你聊聊。"章老师边喝水,边说明自己的意图。

"老师,我很忙。你慢慢喝,我们之间没有什么好聊的。"小卢爸爸依然不肯与章老师交流。

"就聊几分钟嘛,不耽误你的事情。"章老师的态度很坚决。

"好吧。还是那个条件,聊啥都行,千万别聊我儿子。对他,我没有办法。"小卢爸爸显得很无奈。

"如果我对你儿子有办法,你愿意和我交流吗?你愿意帮助我吗?"章老师只好单刀直入。

"那么多老师都没有办法,你能有什么办法呀?"小卢爸爸还是没有任何表情,"当然,如果你有办法帮助孩子,我当然愿意配合,我儿子有希望,我能不愿意吗?"

"听说,你儿子在初二时候突然成绩下降,行为习惯也变坏了。是不是这个时期你家里出现了变故?"章老师盯着小卢爸爸问道。

"别提了,过去三四年了,那个事情怪我。"说话时,小卢爸爸满脸忧伤,"他妈妈那年夏天去世了,我带着两个孩子很艰难,忘了告诉你,小卢还有个姐姐。家里没有女人,自己不会做饭,家里吃饭都成问题。那时候,我心情特别坏,脾气也很暴躁,这小子从学校回来又闷闷不乐,给我添乱,所以我就收拾他。"

说到这里，小卢爸爸失声痛哭："本来这个时候，孩子需要我安慰。但我却因为自己心里难受，老打他骂他，这孩子从此就变坏了。唉，都怪我！但现在有啥办法呀？说了也没有用，后悔也来不及了，三四年都过去了。你还是走吧。别跟我说这个话题啦。"

"现在后悔还来得及。只要你帮我做两件事，我就能找到解决孩子问题的办法。"章老师自信而沉静地说。

"你别让我督促他完成作业，别让我教育他听老师的话，我做不到。"小卢爸爸大声说。

"这些是我的事情，我怎么会让你做这些事情呢？"章老师接过小卢爸爸的话题说，"我要你做的两件事情很简单。第一件事，从这个礼拜开始，孩子回家后，你必须微笑面对他，不能再板着脸。既不用赞扬他，也不用说他学习成绩不好，就给他一个笑脸。第二个事情，就是做饭的时候，你要问他想吃什么，并告诉他，一个礼拜没有回家了，爸爸想给你做点好吃的。这两件事你做到了，我就有办法解决孩子的问题。"

"就做这两件事情吗？"小卢爸爸满脸疑问。

"当然。"章老师毫不迟疑地回答。

"老师，这个要求很简单，我一定能做到。"小卢爸爸拍着胸脯说。

这次家访，离章老师担任班主任整整过了一个月。

回学校的路上,章老师感到非常轻松,因为他终于找到了解决小卢问题的办法了。

这个周末过后的周一,章老师叫班长喊小卢到自己的办公室来。

让章老师万万没想到的是,小卢一进他的办公室说的第一句话,竟让他这个老班主任始料未及:"老师,你今天批评我什么,我都接受。"

显然,这个孩子知道了章老师前为他所做的一切,因此,他对章老师的态度与其他老师完全不同:既充满了敬意,也非常友善。

"哦,你怎么知道老师要批评你?我没打算批评你。"看小卢这样说,章老师周末准备的与小卢谈话的内容都派不上用场,只好微笑着这样说。

"老师,我做了那么多错事,你当然应该批评我。"小卢非常诚恳地说。

"你都做了什么错事呀,给老师说说看。"章老师有点故弄玄虚。

"我传纸条给女同学,欺负男同学,有时候把书扔到别人的头上,有时候把凳子一抽让别人一屁股坐到地上……"小卢一口气把章老师记录的违纪行为都说了一遍。

"这些也不是多大的事,我上高中时也干过这些事,我小时候比你还坏。"章老师把自己上学时干的坏事一一说给小卢听。

"啊？老师还有比我坏的时候？"小卢瞪大了眼睛。

"错了不要紧。谁不犯错误呀？知道自己错了，并知道错在何处，并努力去改正。这样的学生就是老师喜欢的好学生。"章老师温和地告诉小卢。

看小卢不作声，章老师换了话题问："你数学成绩怎么样？"问这个问题时，章老师想起来就数数学老师投诉小卢最多。

"不怎么样。"小卢低头说道，"考了38分，还是选择题瞎碰的，或者瞄同学的试卷抄的。没有一道题是我自己做出来的。"

"如果我是你，我还做不到你这样。"章老师拍了拍小卢的肩膀，继续说，"你啥都不会，上课听天书，你还能有20分钟时间坐在那里不动弹，还能克制自己的行为。要是我，我肯定做不到。"

看小卢低头不语，章老师动情地说："你什么都听不懂，老师还要求你完成作业。不了解你的需求，不了解你内心到底是怎样想问题的，还给你提出这样那样的要求。这对你来讲，是最大的伤害。所以，我要代表所有的老师向你道歉。"

说到这里，小卢扑通一声就跪了下去，眼泪汪汪地说："老师，我以后上课要再捣蛋，我就不是人。"

"快起来。你说这话，更让我无地自容。"章老师一边扶起小卢,一边饱含深情地说道,"你现在什么都不懂,还要认真听课,这不是叫老师把你当作木偶一样对待吗?你是活生生的人,我怎么能让你这么做?这是让你受罪,而不是让你上课。"

"老师,我该怎么办,我不想再捣蛋了,我想做一个好学生。"小卢低声哀求章老师。

"你的初一数学不是很不错吗?干脆以后你上数学课时,自己学习初二的数学。不懂,可以来问老师。好不好?老师办公室的门随时向你敞开,"章老师建议道,"其他学科的课你也可以这样做。"

"老师,我不能到你办公室。为什么呢?因为办公室还有其他的老师在,我会影响你工作。还是我自己试着学吧。"小卢似乎接受了章老师的建议。

"你真是一个懂事的好孩子。我相信,浪子回头金不换,你一定会重新站起来,做一个所有老师喜欢的好孩子。"章老师进一步鼓励道,"记着,有什么问题随时来找老师。"

这次谈话后,小卢发生了根本性的变化,再也没有老师投诉小卢了,在纪律等方面都成了班级的优秀学生。

半年以后,小卢的数学成绩也有了明显提高,考了 48 分。考试成绩揭晓后,小卢像小学生一样,激动地跑到章老师办公室,大声对章老师说:"这次成绩是我自己考的,没有抄,是真实的成绩。我相信,我能学好数学,也能学好各门功课。"

高三毕业时，小卢的成绩已经赶上了班级其他同学，并考上了一个理想的大学。当然，除了章老师的及时鼓励外，还有小卢持续不断的努力改进和节假日的主动补课。

就这样，一个在别的老师眼里无恶不作的坏学生，经过章老师的教育和小卢自身的努力后，变成了各方面都非常优秀的好学生。

阅读建议

每个孩子都是天生的学习者

从什么都不懂,到最后基本学通,自学能力很强,是一个非常典型的案例。在平常教学中,大多数学生还不至于像这个孩子那样。问题是,为什么比这个学生还优秀的大多数学生,却没有得到很好的成长。原因就在于,教师和家长没有给学生足够的支持。也许,老师会说,一个班 40 多个学生甚至更多学生,每个学生都像案例中的办法去处理,没有那么多时间。其实,对这个学生来讲,老师用的时间也不多,一个月最多记录一下,观察一下。对这个孩子变化起着关键作用的是,老师理解孩子,用行为感化了孩子。就算把这些时间加起来,估计不会超过 30 个小时。

就如同这个案例,一旦把孩子的内在问题解决好了,老师和家长以后就不用再费多大的精力和时间了。每个孩子花费 30 个小时,就能有效解决问题,这个效率应该是非常高的。何况,每个班上这样的孩子非常少,而且还有很多优秀的孩子。想想看,一个班 40 多个小孩,加起来不需要太多时间,就可以让这 40 个小孩形成强大的精神动力。老师只需要每天不停地观察学生,了解学生,在细节中找到撬动每一个学生内在的力量,所以老师并不一定会十分辛苦。然而,在日常实践中,班主任老师可能会因为陷于具体的管理事务而不堪重负。仔细分析班主任老师花在管理事务上的时间，不难发现，多数都是在处理学生表面的问题，要么浅尝辄止，要么不痛不痒，无法也不能走进学生的心灵，因而费力不讨好，解决不了实质问题。

可能很多人怀疑这个案例的真实性，理由很简单，学生自学怎么会比老师的教学效果好，何况还有那么多知识没有学习。其实，原因很简单，因为这个孩子是主动学的，更多的孩子是被动学习的。主动学习的力量是无敌的。可能还有人会问，别的学生可以做到这样的效果吗？答案当然是肯定的，别的学生也是一样的。因为动力是起决定性作用的，能力和信心是可以帮助自我成长的。当然，老师、家长能够给予帮助更好。当老师和家长无法（不管是主观上愿意不愿意）给学生提供帮助的时候，老师和家长最起码也要呵护学生的自信，呵护学生的能力，呵护学生的动力，有时候做到这些，对某些学生就足够了。因此，从一定意义上说，教育并不难，关键是怎么撬动学生学习的支点，让学生产生强大的精神动力。

这个案例对家长的启示只有一点：只要相信孩子，想法撬动孩子学习的内动力，千方百计呵护孩子的自信心和积极性，不论在什么时候、什么情况下，转变孩子的学习困难局面都为时不晚。必须说明的是，内在动力不可能通过奖励来产生，因此，家长不要用物质奖励的方法来鼓励孩子的进步。可行的办法有，创造各种机会和条件，和孩子共同分享他的进步，让孩子获得成就感。

21
7个30分钟，
他向数学落后说拜拜
任何时候，都不要轻言"孩子没救了"

核心观点

- 老师讲得越多越详尽，孩子的大脑越容易疲倦。相反，若是始终把孩子摆在主要位置，孩子的大脑就始终处于亢奋状态。
- 教学的主要目的是提高孩子的思维力，而不是识记知识。孩子是课堂的主角，就意味着孩子是思维的主人。
- 如果要让孩子对这个学科有所突破，就必须让孩子真正热爱这个学科，而不是为了拿奖。
- 好的学习习惯乃至生活习惯不是老师或家长培养出来的，而是基于学生的自我发现。这种自我发现必须伴随着效率的提高。
- 学习动力不是靠老师、家长激发的，它来自学生的自我需要。只有自我需要得到不断满足，成就感不断增强，学习动力才会不断强化。
- 家长要让孩子获得学习、生活上的成就感，激励孩子在原有的基础上不断取得新的进步。

因为长期负责高三工作（先是担任班主任，后成为主管高三工作的教导副主任），又因为王老师所在的学校高考升学率比较高，所以王老师在当地颇有名望。也许，正是由于王老师的名气太大，求王老师给孩子补课的家长还真不少。

一天，王老师的一位高中老同学找到王老师，对王老师说："我想让你帮个忙，不知愿不愿意？"还没有等王老师开口，这位同学就说："不难办，就是让你给'诊断诊断'，看看我的孩子小王还有没有救了？"

王老师笑道："我又不是医生，怎么个诊断法？"

"我知道你不是医生，但你能看看孩子参加高考有没有希望？"老同学终于说出了自己找老王的理由，"我的孩子今年中考数学只考了48分，不知道这样的成绩上了高中后还能不能考上大学？我原本想找个家教给孩子补一补，可人家都说数学不好补，孩子也没有积极性，因此心里没底，只好找你来看看。"

听了老同学的话，王老师寻思了很久，对这位老同学说道："这样吧，我抽空到你家给孩子看看。至于让我'诊断'下定义，说孩子行与不行，那要到和孩子交流后再说。"

"好，一言为定。"虽然没有答应自己的要求，但听到老同学愿意出面了解情况，小王的母亲依然非常高兴。

认真翻阅了高中数学第一章《集合》的内容后，第三天晚上 9 点多，王老师来到了老同学的家里。

过了不久，小王上完晚自习回到家中。

看到孩子回来了，孩子母亲赶快把王老师介绍给小王："这是王老师，妈妈以前的老同学，是学校管高三的老师，很有经验。今天妈妈特意请她来跟你谈谈。"

简单介绍完以后，王老师示意孩子母亲离开。

没想到，还没等王老师开口，小王就说："王老师，我认识你。你今天是给我来补课的吧？说句实话，我烦老师补课。"

王老师笑了笑说："孩子，你怎么知道王老师给你补数学呢？再说，你也没有听我补过课，怎么知道我给你补课，就会让你烦恼呢？"

还没有等小王开口，王老师继续说道："咱们先来个君子协定：如果老师给你讲了 5 分钟后，你还是觉得烦，我们就自动终止。另外，即便你很喜欢我给你补课，我每天的补课时间也不会超过 30 分钟。好不好？"

听王老师这样说，小王眉开眼笑，说道："那好，咱们一言为定。开始吧。"

"现在，这个屋子里有几个人？"王老师问。

"这还不简单，两个人。"小王答。

"哦,屋子里'人的集合'有两个元素。加上你妈呢,几个人?"王老师继续问。

"老师,你不会说,屋子里'人的集合'有 3 个元素吧?"小王答。

"你说对了。是 3 个元素。"

"难道集合的元素数目是可以变化的?"

"那当然啦。"

"你家现在客厅里'人的集合'有几个元素?"

"0 个。"

"也就是说你家客厅'人的集合'是空集。"

"屋子里'男人的集合'有几个元素?屋子里'女人的集合'有几个元素?"

"各一个。老师,一个集合可以分为两个?"

"你真聪明,自己也能总结出规律来。一个集合不但可以分为两个,也可以分为3个甚至多个。换句话说,两个集合、3个集合甚至许多集合也可以合并成一个集合。"

接着,王老师又用数学实例和小王继续探讨集合问题。

……

时间就这样不知不觉地过去了30分钟,空集、并集等集合的基本概念在王老师和小王的交谈中不断出现,小王丝毫没有厌倦的感觉。

讲课结束时,小王缠着王老师:"老师,你再讲一会儿嘛,我喜欢你这样补课。"王老师笑答:"我们可是有君子协定的哦,大家都要遵守。"

就这样,王老师和小王第一次"聊"数学就这样愉快地结束了。

经过4次这样的30分钟后,小王对《集合》一章的基础知识和概念基本上熟记于心。

第5次补课开始时,王老师说:"现在我们做一些题目吧。"

"老师,我最怕做数学题了,你可不要给我出太难的题目。"

"不会的，都很简单。你经过认真思考一定能做出来。"

"那好，我们开始吧。"

……

讲解过程中，王老师从最简单的题目入手，等小王做完后；稍加变换，再让小王做，如此反复多次，小王就能够做比较复杂的题目了。其中，有的题目变换的难度已经接近高考的题目了。

整个练习过程中，除了变换或者让小王自己变换，王老师做必要的点拨外，所有练习全部由小王独立完成。

这样的两次习题课之后，王老师把10多个前几年高考与集合有关的题目变形后，尝试让小王独立完成。

在王老师的点拨下，小王经过不长时间的思索，基本上都能做出来。

第7次补课开始时，王老师说："今天我们检查检查学习的效果，我这里有10道题，你试试，看自己能做对多少？"

"老师，我害怕测试，不会太难吧？"

"不难，你只要认真思考就一定能做出来。给你30分钟时间。"

30分钟过后，王老师看看小王的答卷，1道题目没有做，1道题目做错了。

"你很不简单，能做到80分。"王老师惊喜地说。

"不是我厉害，而是题目太简单了。"

"是吗？连高考题你都认为简单，还说不厉害。如果高考时，你的数学得了 80 分，你就可以上重点了。何况，你还没有经过高三的系统复习呢！"

说完，王老师拿出高考复习资料，把测试题目与之进行了一一对照。

小王看了后，不由得伸出了舌头。

"老师，这么简单的题目其他同学也做得出来。"小王想了想又说。

"其他同学也能做出来？那好，你明天拿着这些题请教你们班数学最好的同学，就说请他帮助你。看看他能做出来几道。你可以告诉他，是你妈妈要你做这几个题目的，他帮你完成，你可以请他吃冰激凌。"王老师给小王出了个检验题目难度的主意。

第二天晚上回到家里，小王趴在王老师的耳边悄悄告诉他："题目确实不是很简单，我们班的数学尖子只做对了 7 个。"

"看来，你比他还聪明。"

"老师，那我就不明白了，为什么我比他还聪明，他能学好数学，我却不能学好数学？"

"这个问题提得好。老师给你布置一个任务：明天，我给你们班主任说一声，调换一下你的座位，让你和这个同学做同桌。你的任务是观察他一天在干什么,并记录下来。到晚上回家后,再跟我说说你的想法。你可以不听课,只要把这个任务完成好就行。你完成了这个任务,你就明白答案了。"

"好的。我一定会完成的。"

次日晚上,王老师把小王的父母亲都叫到一起,让他们一起等待着,以便了解小王观察一天后的体会和感受。

小王回到家后,神采飞扬地告诉王老师和她的父母:"我明白了,只要我像他那样学习,我也能学好。"

接着,小王把他记录的情况、感受说给王老师和她的父母听。

在小王叙述的时候,王老师不时插话,提出问题,让小王回答、总结。

此时,小王的母亲瞪大眼睛说:"什么?孩子,你说你能学好,你真的认为自己能行吗?"

"我行,我一定行!"小王毫不犹豫地说。

从此以后,小王的数学学习积极性得到了充分调动,其他功课也有了很大进步,学习习惯更是得到了明显改善。而且,小王还主动要求家长给自己找培训机构培训数学。看到孩子的变化,小王的父母喜出望外,除了给小王找合适的培训机构学习外,与以前相比,更多了一份对孩子的信任和关心。小王也从这时起,开始用心补习初中的数学知识,并抓紧时间认真学习新的内容。

学期末,小王的努力得到了回报:期末测试,小王的数学得了70多分。

3年后,小王考取了一所普通大学。

阅读建议

创造使孩子自信心不断生长的机会

其实，这个老师的行为只是遵循了人类认识事物的基本规律——开始时，并没有要求孩子完整或清晰地理解数学概念，而是随着教学的深化，逐渐让学生对概念的认识变得完整、清晰起来，进而设法激发孩子的兴趣，让孩子在短时间内喜欢上数学。而只要孩子喜欢数学，就离学好数学不远了。

这个案例可以给教师和家长四点启示：一是学生的自信心不是教师教育的结果，是学生的自我感觉，是学生不断获得成功的累积效应，换句话说，自信心是学生对自我能力的积极肯定，这种肯定是多次成功之后形成的，是内在的，仅有教师和家长的激励是远远不够的。教师和家长的作用就在于，不断地为学生创设成功的机会。二是好的学习习惯乃至生活习惯不是教师培养出来的，必须基于学生的自我发现，这种自我发现可以是自己学习过程中的自觉感受与归纳，也可以是对他人好的学习习惯的主动接纳与转化，这种自我发现必须伴随着效率的提高。教师和家长的作用就在于，善于抓住各种教育时机，让学生发现好的习惯。三是学习动力不是靠教师和家长激发的，它来自学生的自我需要，只有自我需要得到不断满足，学习的动力才会不断强化，而不断满足自我需要的充分、必要条件是学生学习兴趣、成就感的不断增强。教师、家长的作用就在于,创设条件,设法满足学生的自我成长需要。四是学习的过程应该是快乐的,教学的神奇就在于化难为易、化繁为简,让学生感觉到学习是快乐的,难度过大、要求过高只能使学生望而兴叹。

从这个案例的四点启示中,家长不难找到解决孩子学习落后面貌的有效办法:一是要牢记"信心比黄金更重要"的名言,任何时候,都不能打击孩子的自信心;二是要鼓励孩子在学习、借鉴别的同学学习经验的基础上,总结、完善并形成自己学习的经验;三是要千方百计让孩子获得成就感(不论是学习上的,还是生活上的),激励孩子在原有的基础上不断取得新的进步。

22

他的物理竟然
从倒数变成第一？！

引导孩子建立知识框架，
就有可能实现逆袭

核心观点

- 作业不应该仅仅是各种各样的练习题，而应该是"头脑的""书本的"及"学术的"作业。
- 活动类型的作业最终能上升为精神的激励和意志的自觉，比书本作业中的知识和分数重要得多。
- 从孩子熟悉的基本知识入手，引导梳理基本概念，进而通过概念的变化，引导孩子对相似问题进行比较、推论、归纳、总结并形成新的结论，最后再把这个结论运用到解释特殊的现象，就能让孩子有效建立知识之间的联系，也有利于构建知识的基本框架。
- 除了必须巩固当天教的内容的几个题型以外，老师布置的其他作业，孩子都可以选择做或者不做。
- 在孩子面临学习困难局面时，家长尤须冷静处理，切不可抱怨孩子。
- 把事后恶补变为事先预习，消除新知识学习的"拦路虎"，就能改变孩子学习落后的状态。

谈起物理学科,很多高中学生都会摇头:物理是高中最难的学科,每年高考物理的分数也是最低的,这也是很多学生不愿意选读理工科的重要原因之一。可是,某重点高中的宋老师的看法却正好相反:物理是最有趣、最好学的学科,并用自己的实践证明了这一点。不用说宋老师任教班级的物理学习成绩了,单就宋老师转化物理学科成绩较弱的学生而言,就足以证明这一点。其中,让宋老师最引以为自豪的,是她对一个朋友的孩子小罗的成功转化过程。

小罗妈妈找到宋老师时,高一第一学期已经结束了。看到孩子和妈妈焦急的状态,好心的宋老师不由分说接下了这个艰巨的任务。但一问起孩子的物理学习状态。学习成绩在孩子所在的重点班名列倒数,对学习物理一点信心也没有,对转化问题学生有一定经验的宋老师也不免吃了一惊。

看到宋老师惊讶的表情,小罗低头抱怨起自己的妈妈:"老师说我物理学习不开窍,建议我不要学理科。你有理科情结,还非得让我也学理科,还要找宋老师给我补课。我看还是算了吧,咱们就别麻烦宋老师啦,咱们回家吧。"

"没关系。老师相信你一定可以学好物理的。咱们现在就开始吧。"宋老师很快回过神来,知道自己的表情对小罗产生了影响。

"是吗?"小罗的脸上分明写满了怀疑。

"上学期,你们物理学的主要内容是啥?"宋老师温和地问道。

"好像是运动学吧?"小罗的回答显得很不自信。

不等宋老师说话,小罗又好奇地问宋老师:"老师,你补课不用书本呀?"

"不用,咱们随意聊聊。"宋老师看似漫不经心地说,"你给老师说说运动学涉及了哪些物理量?"

"速度、时间、加速度、位移……"小罗想了想随口说,"好像就这几个吧?"

"不假思索就能回忆起运动学的几个关键物理量。还说你物理没学好?"宋老师夸奖道。

"这都是最简单的内容,不值得老师表扬。"听到宋老师表扬自己,小罗有点不好意思。

"不少好学生还把位移说成是路程呢。"宋老师继续说,"那你说说位移和路程有何区别呀?"

"位移有方向,是矢量;路程没有方向,是标量。"得到宋老师的肯定后,小罗的胆子也大了起来。

"你对物理的理解很到位呀。速度、加速度和位移都是矢量。"宋老师借机提出了一个新问题,"矢量之间可否直接相加?比如,速度和速度能不能直接相加?"

"因为速度是矢量,所以不能直接加。"小罗努力搜索脑袋里仅存的物理知识,"要看它们的角度是怎样的。老师,我没有说错吧?"

"呵呵,你比我的很多学生都厉害,大胆说吧。"宋老师进一步鼓励。

"如果两个速度的夹角为0°,则直接相加;如果两个速度的夹角为180°,则用大的减去小的。"看宋老师要插话,小罗摆了摆手继续说,"我知道,老师想问我方向怎么确定。方向吗?0°时,方向就是原来的方向;180°时,方向与大的一致。"

"你说得非常清楚。大胆说,没有关系,错了,老师好帮你改正。"宋老师示意小罗继续,"要是两个的夹角不是0°或180°呢?"

"这个嘛……"小罗使劲抓头发,似乎在思考,想了半天才战战兢兢地说,"好像有个平行四边形法则吧?两个速度作为平行四边形的两个边,合成的速度是对角线,大小与对角线的长短相等,方向是不是对角线的方向?"

"你用寥寥几句话就把速度合成的知识总结得非常好。怎么会学不好物理呢?"宋老师边夸奖小罗,边提出了新的问题,"如果把其中的一个速度当作坐标轴上的横轴或纵轴,把另外一个在坐标轴的横轴和纵轴上进行分解,会怎么样呢?"

"老师,这个有点难度,容我想一想。"小罗想了半天后,试探着说道,"分解后,就可以通过简单的加法,先算出横轴和纵轴上的分速度,然后,再通过勾股定理直接计算出由两个坐标轴上的分速度组成的矩形的对角线的长度和方向,这个对角线就是合成速度。不知我说得对不对?"

"呵呵,你用几句话就把这个道理讲清楚了,不错。"夸奖后,宋老师说:"下面我们做一些练习吧。我建议你根据自己总结的规律,编几道题目:有几个要求,一是两个速度之间的夹角分别为锐角和钝角,二是紧密联系生活实际。练习完了之后,最好能总结出规律。"

接着,小罗编了两个速度夹角分别为 60° 和 150°,轮船过河的实例,并很快做出了答案。完成编题和解题之后,宋老师要求小罗把速度和夹角分别变成 v_1、v_2 和 θ,总结其规律。

做完练习后,宋老师提出了新的问题,"既然你这么厉害,那试着再想一下,速度和加速度之间的夹角分别为 0° 和 180° 时,是什么样的运动?"

"老师,0° 是匀加速运动,180° 是匀减速运动。直接按照匀变速运动的公式计算就可以啦。"小罗直接回答。

"真不错。既然你这么厉害,老师要提出新的问题啦。你能不能再总结一下,两个速度之间为 0° 或 180° 的合成运动,以及速度与加速度为 0° 或 180° 的合成运动的区别和联系?"

看小罗又要回答,宋老师摆了摆手说:"今天就到这里了,你回去好好想想,明天咱们继续。"

回家路上，小罗对宋老师的任务还是有点担心，毕竟自己物理学得不是很扎实。因此，回到家后，小罗反复思考宋老师说过的话，然后在练习纸上反复尝试解决问题的方案。充分思考之后，对宋老师提出的问题也有了初步的答案。

第二天，小罗很早就按约定的时间来到宋老师家里。显然，他对宋老师和物理产生了一定的兴趣。

一进宋老师的家门，小罗就急切地说出自己的看法："相似之处就是，两者夹角在 0° 时，速度、位移的方向与加速度始终一致。不同之处，就是在 180° 时，速度、位移的方向开始和加速度相反，过了一段时间后，就和加速度的方向一致了。至于速度、位移大小的变化，按公式计算就得了。这些公式，我就不说了吧。"

"非常好，老师给你点个赞，这个总结太到位了。物理学不但要定性分析，而且要定量分析。相信你会计算出什么时间、速度、位移和加速度的方向一致。"宋老师给小罗一个大拇指，"怎么样？现在可以根据公式编两个练习了吧。相信你一定会编出来，并能正确解决。特别提醒你注意，运动过程中，速度和位移的方向并不一定完全相同。你在计算时，要认真总结规律，最好能说出什么时候两者的方向一致。"

说完，小罗在宋老师的指导下，编了速度和加速度的夹角分别为 0° 和 180° 的两个题目，并总结了夹角为 180° 速度和位移方向不一致的规律。看着自己编写的练习，小罗激动地说："原来物理并不难，我对学好物理有信心了。"

"要是速度和加速度之间的夹角不是 0° 和 180° 时，该是什么样的运动呢？"宋老师继续发问。

"这个我们还没有学到。"小罗摇摇头说。

"没有学过，老师也相信你能正确解决。"看小罗有点丈二和尚摸不着头脑，宋老师启发道，"尝试借用两个速度不是 0° 和 180° 的办法，想一下，看看能不能找到解决办法？"

看小罗一时难以理解，宋老师看了看墙上的时钟说："时间已经不早了。今天，就不用回答我了，回家好好想想。老师相信，你这么聪明的人应该会想明白的。想明白后，建议你自己根据自己的理解，编几道速度和加速度不是 0° 和 180° 的习题。"

第三天一进门,小罗就兴冲冲地给宋老师说:"老师,我昨天回去认真想了想,夹角不为 0° 或 180° 时的速度与加速度的运动问题,与两个速度不为 0° 或 180° 时的运动问题有相似之处。"小罗到宋老师家后,迫不及待地说,"就是把速度(或加速度)的一个放在坐标轴的横轴上,将加速度(或速度)在横纵轴上进行分解,然后……"

说到这里,小罗欲言又止。

"怎么不说了,老师正等着欣赏你的高论呢。"宋老师鼓励小罗继续。

"老师,上面都是我想的,不一定对。"小罗看了一眼宋老师,继续说,"所以怕说错了。"

"你讲得这么好,还担心什么。想到什么就说什么。"宋老师微笑着对小罗说,"再说,你说错了,还有老师在,可以帮助你纠正。"

"如果是分解加速度,在有初速度的那个轴上是初速不为 0 的匀变速运动;在另外一个轴上,是初速为 0 的匀变速运动。"受到宋老师的肯定后,小罗胆子大了起来,"这样,就可以根据匀变速运动的规律,计算两个坐标轴上的物理量了。然后,再分别把两个轴上的速度、位移等相同的物理量按照平行四边形法则合成就可以了。"宋老师对着小罗鼓起掌来,"你太聪明了。另外一种办法呢?"

"老师，如果是分解速度，那么有加速度的那一个轴是匀变速运动，而没有加速度的那个轴是匀速运动。接下来的计算，应该和上面的基本一致。"

"你总结得非常好。你比较一下，用哪种计算比较简单呢？还有，计算分运动和合成运动时，有一个关键物理量，没有提到。想一想，这个物理量在计算过程中，有什么作用？"宋老师追问。

"当然是后一种。因为有一个轴上的计算是匀速运动。"还没有等宋老师问完，小罗就脱口而出，"那个物理量是时间，我们在分析这些运动时，都有一个条件，那就是在同一时间点或同一时间段进行分析。"

"你真的很棒。"宋老师对小罗赞赏有加，"下面，还是你来尝试编练习，如何？"

接着，小罗编出了速度和加速度夹角分别为 30°、60° 时的两个练习，并很快就把这些问题解决了。

第三天的学习结束之前，宋老师又给小罗提出了新的问题："今天，你在讲解和编写题目时，没有考虑到夹角的变化。你再思考一下，当速度和加速度的夹角 θ 分别为锐角和钝角时，在分解速度或加速度时，有什么不同？"

"我想，现在就思考并回答这个问题。"小罗的积极性非常高。

"不了，今天时间太久了，还是明天吧。"宋老师示意小罗不用着急,"注意思考后,最好编出两道题目来。"

第四天,小罗早早就来到宋老师家里,并快速进入学习状态。

"老师,我想,当 θ 是锐角时,画图的时候,把 30° 稍微偏一点,然后,把 30° 写成 θ°,计算时,把 30° 改成 θ°。就可以了。"得到宋老师肯定的眼神后,小罗继续说,"但问题是,θ 大于 90° 时,怎么办?"

"你不妨先说说自己的想法。"宋老师依然不着急。

"我说不好。总感觉,这个时候,加速度分解后,在横轴上的速度和加速度方向相反。"小罗一边说着,一边在草稿纸上尝试画图。

"你是担心,θ 大于 90° 时,加速度的方向无法呈现吧?"宋老师说,"想想看,加速度分解到横轴上的是 asinθ 还是 acosθ 呢?速度分别到横轴上的是 vsinθ 还是 vcosθ 呢?"

"应该是 acosθ 或 vcosθ,"小罗一拍脑袋大声说,"老师,我知道了。θ 大于 90°,cosθ 是负值。当我们规定,开始的速度即初速为正方向时,负值就代表加速度或速度的方向和初速的方向相反。"

"你简直太棒了。"宋老师喜形于色,"现在,来一起欣赏欣赏你的练习吧。"

"老师,让我再看看。还有一点小毛病,一会儿改好后,再给您指导。"小罗想先把刚才的疑点补充到练习上。

之后,师生两人又一起订正了练习。

"今天的学习任务就到这里。你进步很快呀,这样下去,你会成为物理王的。"第四天学习结束前,宋老师如是说,"明天的内容是,你先看看下面的运动:离地面30米高处,一个物体在水平方向上以20米/秒的速度飞出。然后,再研究一下它的运动规律。"

"这不是跟昨天的内容差不多吗?"小罗似乎觉得内容过于简单。

"呵呵,你回去研究后,就知道有没有差别了。先别急着下结论。"宋老师笑了笑说。

这一次,小罗对完成任务充满了信心。

第五天,小罗一进家门,就笑成了一朵花,宋老师随口赞扬道:"看来,你已经想明白了。"

"老师,仔细一想还是有区别的。"小罗对着宋老师说,"这个物体运动的是,两个方向的合成运动,开始的速度和重力加速度呈90°夹角。此外,还有一个条件,那就是物体离地面的高度,决定了物体运动是一个有限的运动,即物体在竖直方向上以自由落体运动达到地面后,运动就停止了。除了这个以外,和昨天交流的内容好像没有多少差别。"

"很好,那你对运动的轨迹研究的结论呢?"宋老师追问。

"这个问题并不复杂。物体在竖直方向上的运动按照自由落体计算,在水平方向上按照匀速运动计算。然后,选择一个时间点，分别计算某一时刻水平和竖直两个方向上的速度和位移，再按照平行四边形法则计算某一时刻的速度和位移，就可以在图上画出轨迹了。"小罗自信地说。

"你的总结能力比老师还强，物理对你来说，肯定不是难事了。相信你一定可以学好物理的，"看小罗还有点疑惑不解，宋老师进一步解释道，"今天说的这个运动是你们高一下学期要学的第一章平抛运动的内容。课堂上要一周多才能学完，你一天就整明白了。如果这样都学不好物理，就没人能学好物理啦。"

"啊？第一章就这么点内容？"小罗似乎不相信自己的耳朵。

"没错，第一章就叫平抛运动——离地面一定高度，在水平方向上把物体抛出去，"宋老师非常形象地比喻道，"核心内容就这么多。只不过，在具体的学习过程中，会有一些变化，你可以尝试根据你自己总结的规律，改编一些题目。相信这一章你一定能学好。"

"接下来，你可以尝试编几道题了。"宋老师又提出了编题任务。小罗一口就答应了。

……

寒假才开始一周时间，宋老师给小罗的物理补习就结束了。

第二学期，小罗学起物理来特别轻松，心情爽透了。

在随后进行的物理单元测试中,小罗平抛运动一章的成绩竟然获得了全班第一名。面对小罗取得的成绩,同学们赞叹不已:"逆天了,她的物理从倒数成了第一。真是不可思议。"

阅读建议

掌握了知识结构，才能使书本由厚变薄

从概念教学和大框架教学两个维度思考这个案例，会有不同的解读。在给学生辅导时，这个老师没有从基本知识入手，而是从学生熟悉的运动学的基本物理量入手，引导学生梳理相关的基本概念，进而通过概念的变化，引导学生对相似问题进行比较和推论，归纳、总结并形成结论，最后再把这个结论运用到特殊的运动现象——平抛运动中，让学生非常清晰地建立本章知识与其他知识的联系和本章知识的基本框架。有了知识联系和基本框架，学生的学习就变得简单了，物理成绩的逆天变化就顺理成章了。

在日常的概念教学中（这里的概念是广义的概念，理科包括概念、原理、定理和公式，文科包括概念和基本规律），很多教师只是简单地说明概念的基本内容（其实，这时大多数学生未必能真正理解概念），然后就进入了概念的应用环节——讲解练习、反复训练。这样做的结果就是，学生对概念囫囵吞枣，理解不清，老师就开始讲练习，致使相当一部分学生听不懂或一知半解。然后，老师要求学生课下反复练习，学生练习质量不高，老师只好再次讲解，悟性高的学生学明白了，悟性不高或基础较差的学生只好望题兴叹了。

大框架教学的基本思路是，第一，在组织学生复习的基础上，教师引导学生根据以前学习的相关知识和课本上的单元目录、单元前的说明文字，建立单元知识的基本框架，然后画出本单元的思维导图草图。第二，教师引导学生经过小组合作讨论对思维导图进行修改和完善，使知识框架进一步清晰。第三，让学生围绕思维导图，自学有关的基本知识，完成相应的基本知识练习，并在小组内交流，解决基础知识学习中的问题。第四，在知识链接点上，教师给出关键问题，引导学生思考或进行小组交流和讨论，并通过展示交流和教师的引导点拨，达成学习共识。最后，再围绕与本单元知识相关的学科规律，开展思维训练，促进知识的深化和理解。

画出知识的结构图，也是作业的一种类型。教师给学生布置作业，不应该局限于各种各样的练习题，而应该是"头脑的""书本的"及"学术的"作业。如果有活动类型的作业，并最终能上升为精神的激励和意志的自觉，则比书本作业中的知识和分数重要得多。

需要说明的是，在面对孩子学习的困难局面时，家长尤须冷静处理，切不可抱怨孩子，怨天尤人。以下三点建议供家长参考：一是除了必须巩固当天教的内容的几个题型以外，老师布置的其他作业，如果孩子时间不够，都可以选择做或者不做。二是改事后恶补，孩子厌烦，为事先预习，消除新知识的"拦路虎"。三是选择合适的单元或章节，指导孩子进行单元（章节）大框架学习，改变孩子学习的恶性循环局面，提升孩子的自信心。当然，不论是哪一种，都需要得到有经验的教师的指导。

"你简直神了，我没法跟你比！"
鼓励孩子大胆挑战权威

核心观点

- 坦诚自己的缺陷与不足，并不是要蔑视老师、家长的人格，而是希望老师、家长在知识面前平视孩子，设身处地地站在孩子的立场上思考问题。
- 三尺讲台并非老师专有的太师椅。
- 鼓励孩子挑战老师的权威，并不意味着要否定师道尊严。
- 孩子是要靠老师、家长的威信和能力去"征服"的。
- 在孩子——可能的未来数学家面前，数学老师应该立志成为一名数学教育家。
- 家长一定要鼓励孩子敢于质疑，勇于挑战权威，在课堂上大胆、踊跃发言，争取更多展现自我的机会。

这是某普通中学高一普通班的一节数学课,学习课题是2倍角三角函数的第二课时,执教的是一名工作不到3年的新教师。

这一堂课的基本流程包括六个环节:

第一环节,明确目标,说明流程。这个环节2分钟。在这个环节,教师出示了三个层次的学习目标:第一个层次是基础性目标,主要针对学习基础比较薄弱的学生,要求学生能说出2倍角正切函数和余切函数的公式,并能举例运用2个公式。第二个层次是拓展性目标,主要针对大多数学生,要求学生能说出2倍角正切函数和余切函数公式的推理过程,能比较这2个函数与2倍角正弦函数、余弦函数公式的异同,最好能举例说明2个公式的运用规律。第三个层次是挑战性目标,是针对学有余力的学生制定的,要求这些学生能改编或设计题目。在给出3个目标之前,教师还设计预备知识的学习要求(比如,正切函数和余切函数的概念、2倍角的正弦函数和余弦函数的公式、两角和的三角函数公式等),说明本节课必须掌握的基础知识,并根据这些基础知识,给出了相应的预备知识练习。

第二环节,小组交流,拉齐基础。这个环节10分钟。进入这个环节后。老师打开幻灯片,出示了教师课前布置给学生,要求学生通过自主学习完成的练习,除了预备知识的相关练习外,还有完全根据3个层次的学习目标设计的四个问题:一是写出上一节课学习的2倍角正弦函数和余弦函数的公式,并自编一道题,说明公式的应用规律。二是根据自学结果,运用上述两个公式和有关基础知识,推理出2倍角的正切函数和余切函数的公式,并能运用实例进行说明。三是根据2倍角的正切函数和余切函数公式,结合自己的学习基础,自己选择一道题或编一道题,说明两个公式的应用规律,要求选择的题目必须具有代表性,自编的题目必须具有挑战性,而且能说明编题的思路:是根据课本的例题或习题改编而来的,还是根据课外的练习改编而来的,抑或是根据自己对公式的理解编写而来。四是鼓励学有余力的学生根据教师给出的与2倍角正切函数和余切函数有关的原来的高考试题,自己改编成一道题,并特别说明,如果哪个同学改编的题目把老师难倒了,那个同学就是当日的数学博士,老师可以拜这个同学为师。

然后,教师要求学生根据课前预习的情况,小组内交流预备知识练习和第一和第二两个题目,分享各自的学习成果。在此基础上,组内学得比较好的同学,和其他同学一起交流解决这些问题的思路,并帮助基础较差的同学解决疑难问题。确实本组同学都不会的题目,可以请教邻组的同学或是本学科的科代表。教师进行巡回指导,并帮助基础特别薄弱的小组

解决疑难问题。这个环节结束后,教师根据巡视情况,对有关问题进行指点和归纳,强调注意问题。

第三环节,展示对话,重点突破。这个环节15分钟,先是两个学生分别展讲两个公式的推导过程,教师不时提出问题,引导学生关注关键环节。接着,请两个同学分别用一个实例,说明两个公式的运用规律。教师邀请两个基础较差的同学对展讲过程提出疑问,以便让所有学生都搞清楚、搞明白。最后,课代表对4个同学的讲解进行点评,提醒学生必须注意的问题。

第四环节,强化训练,学会应用。这个环节5分钟,教师拿出一组试题,包括对公式的填空题、公式推导过程的关键环节，以及基本应用公式的题目，和一道相对简单的公式应用题。学生完成后，小组核对答案，纠正问题。教师根据巡回指导的情况，邀请两个同学对一个疑难问题和一个大多数学生出错的问题进行说明和解释，归纳疑难问题的解决思路和错误出现的可能原因。然后，提出建议："出错的同学把题目写在错题本上，并对题目进行简单的改造后，做出正确的解决步骤，写出自己出错的原因。"

第五环节，尝试挑战，争当博士。这个环节10分钟，学生在小组内对第三题和第四题进行交流，并推选各组最具挑战性的问题，向教师发起挑战。最后，4个小组的题目把教师挂在黑板上，成为当天的数学小博士。教师鞠躬对4个博士致意，然后，非常认真地说："你们简直神了，老师不如你们，要向你们学习。"接着，教师请本班博士的评价小组对4个同学的表现逐一进行点评，投票选出最优秀的同学，教师拜这个最优秀的同学为老师。接着，这4个同学分享编辑试题的类型和思路，呼吁同学们课下向他们发起挑战，谁率先解决问题，就把博士帽主动让给谁。

第六环节，小结提升，巩固意义。这个环节两分钟，按照学号顺序，两个学生对本节课的收获进行总结，说明各自的收获和体会（主要是自己和本组同学学习目标的达到情况，以及在达到目标过程中，本人和本组同学的感受和体会），并提出了对同学们的建议，包括课后应该注意的事项和下节课自学的内容。

这节数学课一环接一环,节奏非常快,同学们也都非常投入,自始至终保持着高昂的情绪。

阅读建议

学会有效预习：提高学习效率的关键

"老师不如你"这句话，是在告诫老师们：切不可以权威自居，切不可低估学生的潜能，切不可因为自己的局限和无知而阻碍学生的发展。

孩子是要靠老师、家长的权威威信和能力去"征服"的。在知识和人格面前，师生之间、父母与孩子之间从来都是平等的。特别是信息技术飞速发展的今天，学生可以通过多种途径接收到教师不一定知道的新信息，至于新的信息获得方式，教师未必一定比学生了解的多，运用的灵活度更不一定比学生好。"教师不如学生"就更具有现实意义。从一定意义上说，三尺讲台并非老师的专利。坦诚自己的缺陷与不足，并不是要蔑视老师、家长的人格，而是希望老师、家长在知识面前平视孩子，设身处地地站在孩子的立场上思考问题。

对于这节课而言，老师的任务是通过有效的教学途径和方式，让学生通过自主、合作和对话学习，在教师和同学的指导和帮助下，明确相关公式在本单元知识中的重要意义和公式的推导过程，两个公式与以前所学知识、未来学习知识的联系，以及运用相关公式的规律。而学生的目标是通过上述目标的达成，学会概念的建立、运用和发展规律，对数学世界充满向往和好奇，甚至有人有可能因此而成为未来的科学家。

在未来的数学家面前，数学老师应该立志成为一名数学教育家（坦率地说，中小学数学教师成为数学家的可能性极小），因此，老师在数学知识上不一定比学生强，但是在研究的基础上，了解数学家的思维方式，并通过卓有成效的教学，将数学家的思维方式潜移默化地移植给学生。即便不能成为一个数学教育家，起码也应该为学生成为未来的数学家提供正能量，这就必然要求教师必须蹲下身来，平等地对待学生，甚至树立向学生学习的意识，进而激励学生向权威发起挑战，千方百计地呵护学生的质疑、批判精神，而不是相反。一言以蔽之，在课堂教学中，教师要通过各种有效的途径，让学生站在自己乃至诸多数学家的肩膀上，领略数学的无穷魅力。数学学科如此，其他学科亦然。当然，鼓励孩子挑战老师的权威，并不意味着要否定师道尊严，而是只有师生之间的民主、平等，才能更赢得学生对教师的尊重。

对于家长而言，一定要鼓励孩子敢于质疑，勇于挑战权威，在课堂上大胆、踊跃发言，争取展现自我的机会。因为展现自己的学习过程，就能暴露学习过程中的问题，也就得到了教师和其他孩子指导、改正错误认识的机会。

第五章

高阶思维：
走向学习之巅的法宝

高中阶段学习内容多、难度大。因此，只有按照人类认知事物的规律，对教与学的过程进行符合学习规律的改造，让学生在对话中发现"知识"，创造"规律"，才能培养学生的高阶思维，才能让学生产生高峰体验，才能激活学生的内驱力，也才能真正提高教与学的效率。

"啄木鸟""注射器"都可以变成"病句分析图"?

思维导图有助于实现"由厚变薄"的目标

核心观点

- 任何形式的小组学习促进学习的道理都是一样的:自主性、探究性、积极性和全情投入。
- 如果没有或者较少参与小组学习,或缺乏这方面的体验,不仅孩子的学习方式是不完整的,而且他的知识和智能结构也是不健全的。
- 老师要多方面调动学习的因素,比如,用图画、动手、展示等方式来切入同一主题。
- 思维导图让教学和学习变得清晰、简洁和高效——总结知识、归纳内容、阅读书籍、整理笔记等都可以用思维导图。
- 很多老师把"中考、高考"这些词挂在嘴边的原因是,他们的教学使知识、学习、思维的魅力荡然无存。
- 如果家长学会了思维导图这种工具,不仅可以指导孩子的学习,而且还可以运用到自己的工作实践中,提高自己工作的效率。

这是在某重点高中普通班的高二语文课堂上，学习的课文标题为《有话好好说——修改病句》。

"大家通过查阅资料，翻看注释，应该对课文的内容比较熟悉了。因此，这节课学习的主要任务是画出本文的思维导图。关于思维导图，大家不是第一次画，请同学们用3分钟时间，总结、梳理一下画思维导图的方法。"指导教师王老师开门见山，直奔主题。

3分钟后，王老师用抽签的方法，抽取两位同学归纳自己画思维导图的体会，基本要点如下：第一，逻辑关系要搞清楚；第二，尽量包含所有要点；第三，导图画面要有美感；第四，呈现方式跟别人不一样；第五，尽量用关键词来表达核心内容。

接下来，王老师布置了学习任务：用15分钟时间，根据课文的主要内容，画出关于本篇文章的思维导图，既可以画病句分析图，也可以画病句修改图，还可以两者兼而有之。画完以后，小组讨论选出本组同学认为最好的思维导图，经过修改后，选派代表把集中本组智慧的思维导图画在黑板上相应的位置或用投影进行展示，并做好向全班同学进行展讲汇报的准备。

15分钟后，每组同学在各自的黑板位置上画满了各自小组的思维导图。其中，一个组画了一个啄木鸟的图，图上一只啄木鸟正在叼树上的6条虫，每条虫的旁边写着一种病句的原因，另外一个小组则画出了一个装满"药品"注射筒的图，注射筒的旁边用文字标注了"药品"的成分——治疗病句的六种办法。

开始展讲前，王老师再次和同学们回顾了展讲的几点要求：言简意赅，适当解释，观察反应，注意互动，答疑解惑。"展讲结束前，展讲小组要按照三个层次，对其他组的同学进行提问：一、复述内容；二、讲解要求；三、点评建议。"王老师特别提醒道。

安排好接下来的活动后，同学们按照惯例，选派代表抽签决定了两个展讲的小组名单，每个组选派的评审同学也进入了工作状态。

只见被抽中的第一个小组的展讲同学一边用手指着本组同学画的思维导图，一边侃侃而谈："同学们，请大家把目光聚集到本组画的这幅图上，我们组画的这幅啄木鸟雕虫图，形象地归纳了病句的六种类型：一是语序不当，二是搭配不当，三是残缺赘余，四是结构混乱，五是表意不明，六是不合逻辑。下面，我们组其他同学分别在自己和本组同学的作文里找了每种类型的病句，请同学们批评指正。"接着，这个组的同学一一列举了不同类型的病句，并对列出的病句逐一修改。

还没有等第一组的同学展讲提问完毕,第二组同学就齐刷刷地站在讲台的左侧,等着出场了。

"刚才,第一组展讲的同学是通过举例对病句进行归类,讲得非常精彩。我们组展讲的内容是,归纳修改病句的方法。请大家看着我们的图,我先做个简单的说明,等会儿我们组的其他同学还会通过具体的实例,分析修改病句的方法。下面,我来讲解这幅图……"第二组同学的展讲同样博得了同学们的阵阵掌声。

待同学们展讲完成后,评审组代表发表了评审意见:"就思维导图而言,每个组都有自己的亮点,展示了大家天才的创维意识和绝妙的美术能力。第一组形象生动,印象深刻;第

二组理性逻辑,归纳到位;第三组……就展讲看,第一组言简意赅,突出关键;第二组条分缕析,层次清晰。我们的评审结果是思维导图第一组得分 9.5 分,获得最佳创意奖,扣分点是缺少色彩和层次,第二组得分 9.4 分,获得最佳逻辑奖,扣分点是有个关键词表述不当;第三组获……就展讲结果看,第一组得分 9 分,获得思辨奖,扣分点是对下面一个同学的问题回答不够严谨;第二组得分 8.9 分,获得耐心奖,扣分点是一个同学的展讲稍显不精练。"

下课时间快要到了,没有抽到签的第四小组,申请发言,得到老师的允许后,全组同学站在了讲台上,组长开明宗义地补充展讲的理由:我觉得,两个组分别说了病句的类型和修改的方法,虽然归纳都很到位,但由于没有把两者结合起来进行展讲。所以未免两者的因果关系不是十分明显,因此,本组认为,需要通过我们的思维导图对两者的关系进行更加严密的逻辑分析,我先讲总体思路,其他组员分别举例说明每种类型病句的问题、原因及修改办法……

虽然下课铃声响了,但教室里同学们依然沉浸在忘我学习的快乐中。

阅读建议

结构记忆，才能提高记忆效率

随着教育教学改革的深入，越来越多的老师在课堂教学中引入了思维导图这种表达发散性思维的图形思维工具，让教学和学习变得清晰、简洁和高效，受到了学生的关注和好评。由于思维导图都能通过辐射线形把中央关键词及其有关内容连接成一个层级放射状图形，因此，每一个思维导图都是一个章节知识内容的可视化思维图形，能够帮助学生提高记忆知识的效率。这个案例中，在教师的引导下，学生运用艺术的手段呈现思维导图，给课堂增色不少，也激活了学生的学习潜能。

我觉得，在学习过程中，教师引导学生编制单元（章节）思维导图。可以分为以下三个步骤：第一步，整体感知预习，先根据学习的目标和自己的理解，以及课本的目录，做一个思维导图草图，以期形成对知识结构的初步理解。第二步，学习过程中，根据知识内容的展开，不断添加、完善、丰富思维导图。第三步，单元或章节学习结束时，根据自己的学习效果和个人对知识结构的深度理解，进一步修改、完善思维导图，使本单元（章节）的知识结构清晰地呈现在一张思维导图上，从而达到书本由厚变薄的目的。

其实，不仅在总结、归纳知识内容时，可以运用思维导图，在阅读书籍、整理笔记时，也可以运用思维导图。例如，阅读书籍时，可以每读完一章整理一个思维导图，再把各章的关键词围绕书的关键词，整理成一本书的思维导图；也可以根据书的目录，整理一个章节或一本书的思维导图，再据此加深对书的结构体系的理解。还可以把书的重点内容整理成思维导图，同时将自己摘录、勾画的关键内容整理到思维导图的对应分支下面。整理笔记时，可以根据自己记录的内容，总结提炼某一学习内容的关键词，以及与这个关键词有关分支的关键词，然后根据自己的理解，把中央关键词与分支内容的关键词整理成思维导图，使笔记的结构更清晰明了。

之所以很多老师把"中考、高考"这些词挂在嘴边，是因为他们缺乏思维导图等类似的有效的教学工具和手段，只能用"中考、高考"这些词汇来逼迫学生学习，是因为他们的教学没有激活学生的思维，使知识、学习、思维的魅力荡然无存。

如果家长学会了思维导图这种工具，不仅可以指导自己的孩子优化、整理、归纳知识，形成清晰的知识结构，而且还可以把思维导图运用到自己的工作实践中，提高自己的工作效率。

25 "发明数学定理,我能!"

在解决特殊问题中,让孩子"发现"知识、"创造"规律

核心观点

- 交流与对话的意义重在激活孩子的思维,而非与老师达成共识。在对话过程中,老师只是配角,孩子才是主角。
- 对话与交流的关键是:提出问题—思考—追问—解答,问题诱导就是贯穿对话的主线。
- 当孩子只是默不作声地听课时,老师应该感到越来越紧张。
- 遵循思维规律,由浅入深不断变化题目,让学生不自觉地从简单内容过渡到复杂内容,就会使复杂问题简单化。
- 让孩子掌握规律的特点、变化,帮助孩子找到从已知领域到未知领域的"支架",是化难为易的关键。
- 家长应该理解孩子的苦衷,帮助孩子寻求解决问题之道:告诉孩子,抓住基本问题和基本知识,以一种轻松的态度面对暂时的学习困难。

某重点中学高二年级数学课堂上,黄老师给出了一个非常简单的题目:"请大家看这样一个不等式:$x-3>0$。"

"老师,这个题目我们初一都学会了,太简单了。要知道我们是重点中学尖子班的学生。"黄老师刚写完题目,一个同学就有点不耐烦地大声说。

"呵呵。这个题目简单?"黄老师笑着说,"数学学习本来就很简单嘛。接下来的题目,大家也会觉得很简单。但简单的知识中包含着复杂的道理。大家别着急嘛。"

"'$x+3>0$'这个题目呢?"还不等同学说完,黄老师又在黑板上写下另外一个题目:$(x+3)(x-3)>0$,接着,黄老师轻松地说道:"这个题目也很简单,虽然大家可能没有学过。我相信大家一定会根据初中学过的不等式 $ab>0$ 的性质,来解决这道数学题。"

"根据 $ab>0$ 可以变化为两个不等式组的特点,我们可以把 $(x+3)$ 当成 a,把 $(x-3)$ 当成 b,这样 $(x+3)(x-3)>0$ 就和 $ab>0$ 一样,变成两个一元一次不等式组。而解一元一次不等式组对于我们来说,太简单了。这个题目确实很简单。"过了 3 分钟后,一个小个子男同学激动地大声说道。

接着,黄老师让同学们根据这个学生的陈述,写出了两个不等式组，并要求同学们快速求解。

当同学们基本做完后，黄老师又写了一个题目：$x^2-9>0$。

"这题与上题不是一样的吗？"还没等黄老师开口，同学们就异口同声地说，"把 $x^2-9>0$ 变成 $(x+3)(x-3)>0$，再按照刚才的方法做，不就得了。"

"同学们真是太聪明了，没有学过的不等式也会解，"黄老师夸奖道，"大家看看这个不等式，能不能给起个名字？"

"老师，$x^2-9>0$ 这个不等式是一元二次不等式，因为未知数 x 的最高次幂是 2。"

"我们班的同学真是数学天才，能不能再写几个一元二次不等式？"黄老师又一次赞叹道。

同学们纷纷在草稿纸上写出各自的不等式，并展示出来。

"你们简直不得了，那么大家能不能再显示一下你们的数学才华，归纳出一元二次不等式的概念？"黄老师进一步鼓励道。

"老师，根据大家写出来的结果，我们小组总结了一下，凡是形如 $ax^2+bx+c>0$ 的不等式，都可以称为一元二次不等式。a 不能等于 0，b 和 c 取任何值都可以。"一个平时不怎么说话的同学轻声回答。

"你说得真好，比老师想的和课本上总结的都好。要是再大声一点就更棒了。"表扬了这位同学后，黄老师进一步提问，"怎么解一元二次不等式呢？同学们可不可以尝试运用刚才的

办法,归纳以下一元二次不等式的解法?"

"用因式分解法,先把不等式左边的二次多项式分解成两个因式,再求解。"

"还可以逆向运用公式法,把有关二次多项式变化成两个因式,再求解。"

"如果不能分解因式呢?"

"可以先把左边的二次多项式变成一元二次方程,求出这个方程的根,再根据方程的根把二次多项式拆分为两个因式,然后求解。"

……

同学们热火朝天地展开了讨论。黄老师在旁认真观察,时不时提出新问题，引导学生把讨论引向深入。

"如果二次多项式变成的一元二次方程没有根呢？"这是黄老师的问题。

"那说明这个一元二次不等式无解。"一个同学随口回答。

"无解？还有没有别的可能？"看同学们默不作声，黄老师继续提示，"比如，$x^2+2x+1+1>0$ 这个不等式无解吗？"

"这个不等式的解应该是所有实数。"细心的同学看出了老师把 2 变成 1+1 的奥秘。

"如果把上述不等式变成 $x^2+2x+1+1<0$ 呢？"黄老师追问。

"那当然就无解了。"另一位同学抢着回答。

"大家能不能总结以下这种类型的不等式的解题规律？"黄老师希望同学们自己总结规律。

……

看同学们总结得差不多了，黄老师又在黑板上写了一道题目："$(x+a)(x+b)>0$"。

"老师，题目中 a 与 b 的值比较，哪个大？"沉不住气的学生马上发问。

"我也不知道。"黄老师摇了摇说，"大家可以分小组讨论下。"

随后，同学们又开始进行讨论。

"分两种情况讨论下：一种 $a \geqslant b$，另一种 $b>a$。然后，再按前面的办法计算。"

……

"能不能根据上面的题目,大家总结一下,一元二次不等式的解与相关的一元二次方程的根的关系?我想,凭着大家的聪明劲儿,这个问题不难解决。"黄老师提出了新的问题。

同学们持续投入热烈的讨论中。

……

"呵呵,原来解一元二次不等式,等于先把不等式左边的二次多项式变成一个一元二次方程,求出这个一元二次方程的根,再根据上述规律就可以写出一元二次不等式的解。"这个阶段讨论结束前,一个同学自言自语地说。

"一元二次不等式的解与相应的一元二次方程的根的关系是……"另外一个同学代表本组同学进行小结,"当方程在实数范围内没有根时,一元二次不等式或无解或所有实数。比如……"

"你们实在是太厉害了,我要加大难度了,把我不会的题目拿出来,让大家挑战一下老师:$(x+3)(x-3)(x+5)>0$。"

"这个简单,把它变成几个一元一次不等式组,就可以啦。"

"$(x+a)(x+b)(x+c)>0$ 呢?"

"这个也不难,分别讨论 a 与 b 和 c 的关系,再把原不等式变成一元一次不等式组求解。"

……

"既然大家这么聪明,我们再换一种思路。如何?"看同学们兴致不减,黄老师让学生画出"$y=x-3$"的图像。

等学生把图像画完后,黄老师说,"大家看看 x 取什么值时,$y>0$?"

"这个图一看就明白,$x>3$ 时,$y>0$。"

"那么,同学们,$x-3>0$ 这个不等式是不是有了新的解决办法?大家可以不可以用这个新发现的解法,解 $(x+3)(x-3)>0$?"黄老师加大了问题的难度。

"这不是很简单呀。令 $y=(x+3)(x-3)$,然后画出它的图像,一下子就可以写出它的答案啦。"这是个平时数学不怎么好的同学的声音。

"$(x+3)(x-3)(x-4)>0$ 呢?"

……

这节数学课,同学们在黄老师的带领下,不自觉地从最简单的内容变化到最复杂的内容,并且总结了求解复杂的特殊类型的高次不等式的规律。同学们如饥似渴地展开学习,数学学习也显得非常容易了。

阅读建议

在创造学习中，让孩子达到高峰体验

　　这个案例非常清楚地告诉我们交流与对话的意义：重在激活孩子的思维，而非与老师达成共识。在对话过程中，老师只是配角，孩子才是主角。而对话与交流的关键是：提出问题—思考—追问—解答，问题诱导就是贯穿对话的主线。反过来，如果一堂课孩子只是默不作声地听课，老师应该感到越来越紧张，因为只有单向输入，缺少对话与交流，就不会有教学的高效益。

　　这个案例还让我们明白了难与易的关系：从最简单的题目开始，遵循思维活动规律，由浅入深不断变化题目，让学生不自觉地由简单内容过渡到复杂内容，进而使学生不知不觉中进入未曾学习过的知识领域，就会使复杂问题简单化。这就是这个案例的关键：教师试图引导学生运用以前学过的知识，通过与新学内容有关的特殊问题的解决，总结解决类似的一般问题的规律，或者通过具体的简单问题的解决，引导学生抽象归纳出一般的方法和规律。

　　上升到人类认识事物的规律就是，从特殊现象中，总结一般规律，然后再应用于解释类似的特殊现象。据此，我们不难发现日常教学的弊端和诟病。在日常教学实践中，大多数老师是按照这样的逻辑顺序：先把基本概念和规律教授给学生，然后再归纳这个规律的注意事项，接着再运用这个规律解决实际问题。正好与人类认识事物规律背道而驰。为什么学生越来越觉得难学呢？因为概念和规律不是学生自己归纳、总结出来的。

从等与不等的关系看，等是偶然的，不等是必然的。所以不等的变化太多，变化一多，难度就来了。如何让学生掌握变化的规律，帮助学生找到从已知领域到未知领域的"支架"，就成为减小难度的关键。在这一节课里，教师根据不等式由浅入深的规律，和几个关键"支架"：$ab>0$ 的性质、$y=x-3$ 的图像以及方程与不等式的关系，把所有要归纳、整理的要素渗透到系列关联问题中，亦即通过系列关联、比较学习，从一元一次不等式和特殊的一元二次不等式的解法的关系这个偶然要素入手，寻求解决一般一元二次不等式这个必然现象的规律，再通过不同的系列练习的解决，对所总结的规律进行完善，得出相关结论，并把这个规律运用到相应的练习中，去解决特殊的问题，从而使教学和学习变得简单起来。

为什么数学学习变得简单了？因为数学的逻辑性太强了，一环扣一环，这样，学生就会从最简单的问题入手，按照逻辑规律，逐步深入学会相对复杂的内容。反而逻辑性不是很强的学科，如语文和英语等学科，则是比较难学的，因为它是点状的，逻辑性不是很强，某些时候全靠记忆和背诵，从而使学习的兴趣大为减少。那么，在日常教学中，为什么数学、物理这些简单的学科反而变得复杂、难学了，还是因为这些学科的逻辑性过强。道理很简单，如果前面的相关知识没学好，后面的学习就寸步难行。从一定意义上讲，逻辑性强是某门学科难学的原因，但也是这门学科易学的原因，正所谓，成也逻辑，败也逻辑。

这个案例看似说的都是教师的教育和教学行为，与家长的关联度不是很大。其实，这个话题与家长也有非常密切的关系。道理很简单，当孩子的教师没有这种教学能力或者说无法专门针对自己的孩子进行类似的教育，让孩子感到学习困难甚至厌烦学习的时候，家长的态度十分重要。

大多数家长遇到这种情况时，往往采取下面两种态度：一是认为孩子不是学习的料，任其继续发展下去；二是抱怨、责怪孩子太笨，把孩子训斥一顿了事。这样做，只能使孩子最终厌恶这门学科，甚至厌恶学习。

看了这个案例后，也许家长会理解孩子的苦衷，帮助孩子寻求解决问题之道。我觉得，下面三种方法可以帮到家长：一是告诉孩子，这种现象很正常，不要过于计较一时的得失，抓住基本问题和基本知识，以一种轻松的态度面对暂时的学习困难；二是请有这方面能力的教师（随意找家教是无济于事的）帮助孩子渡过这个难关；三是有能力的家长，不妨自己学习一下这种方式，亲自上阵，给孩子有效的指导。

26

"'老牛',这个绰号我喜欢!"

展示学习:增强理解、提高记忆的有效途径

核心观点

- 教育的微妙之处就在于抓最佳时机,一旦发现某个闪光点就借题发挥,将教学不断推向高潮。
- 一个绰号、一个举动、一个建议,对于树立孩子自尊和自信都有着异曲同工之妙。
- 优秀的老师、家长会告诉孩子该关注哪个方向,而不是告诉孩子该去关注什么。
- 在平时教学时,老师应该更多地提出"胖问题",而不是不经思考就能回答的"瘦问题"。
- 从本质上看,"胖问题"就是探究性问题、开放性问题、挑战性问题,是能够形成问题串的问题。因此,能鼓励孩子交流与思考的问题都是"胖问题"。
- 面对孩子学习停滞不前或兴趣不高的情况,家长要引导孩子把问题变"胖",从而激活孩子学习的积极性和主动性。

一所重点中学高一年级普通班的物理学科运动学模块的学习结束了。

在专家的指导下，担任教学工作的李老师按照惯例安排了一节复习课，不同的是，思维导学实验让这节复习课彻底变了模样。

复习课的要求看似非常简单，围绕以下三个要求让学生先自我复习：第一，请同学们用最简单的文字总结本章的知识。第二，每个同学把根据上一个要求提炼出的最简单的文字扩展成一张图，以表达这章知识的逻辑结构。第三，请同学们编一道与运动学有关的题目，题目的条件必须包含四个或以上要素。对第三个要求，李老师特别提醒："哪个同学编的题目要素越多，就越说明对本模块的知识做到了学以致用。如果哪个同学把老师也难倒了，说明这个同学已经超越老师了。"

李老师把这三点要求告诉学生后，正准备组织学生自主复习。这时，一个男同学站起来质疑道："老师，什么叫最简单的文字？是不是字越少越好？如果是，一个字可不可以？""呵呵，你能用一个字把运动学的内容进行归纳，你就是班上最牛的同学。"李老师鼓励道。

20分钟后，李老师组织学生进行学习效果展示。

刚才的那位男同学说:"老师,我总结出来了,运动学这一章可以用一个字来概括,那就是变。"

"啊?我想了半天,觉得至少也得七八个字,你那么厉害,一个字就总结出来了。快点分享给大家。"李老师的表情充满期待。

"不就是变化嘛。我觉得,运动学有五变:一是变速度,二是变加速度,三是变位移,四是变时间,五是变速度与速度以及速度与加速度之间的角度。下面我谈谈,怎么变的,会用到哪些公式……"这位同学不等老师说完,就把自己的观点和盘托出,一口气说了 5 分钟。

"好一个'变'字了得呀。刚才,这位同学说变的时候,我只想到了四变,没有想到他总结了五变,真是不得了!看来,我得把讲台让给你,让这位同学来当老师。"王老师对学生的赞扬看似夸张,但却让同学们感到亲切自然,"还有哪个同学对这位同学的意见有不同看法?"

李老师话音刚落,另一位女生就举手发言:"老师,他说的不完全正确,一个'变'字并不能说明问题,还要加上几个字,那就是'变与不变'。"

接着,这位同学进一步补充:"变化的是物体运动的几个基本量,这个我完全认同,但不变的是物体运动的规律,是本章所包含的所有运动学公式。"

李老师在用掌声回应第二位同学的同时,进一步夸奖道,

"这个同学说的是科学的基本规律。变与不变,可以适用于所有章节的归纳、总结。老师要向这位同学致敬。如果刚才那位同学可以代替我担任老师,你可以成为我的老师。"

看同学们把赞许的目光都投向这位女同学,李老师话锋一转,提出了新问题:"大家想一想,适用于所有章节的复习的文字,可不可以再改一下,使之适合于本单元的内容?"

这时,一位平时不大爱学物理的女同学站起来说:"老师,我觉得可以用 5 个字来概括,那就是速度加速度。"

看同学和老师都把目光转向她,渴望她进一步说明时,这位同学不紧不慢地解释道:"这 5 个字可以从两个方面来理解:一方面,可以理解为速度加上速度,就是两个以上不同方向速度的合成运动,夹角可以是零度,也可以是 180°,还可以是

90°。当然，也可以是 θ 度。另一方面，可以理解为速度与加速度，它们之间的夹角是零度时，为匀加速直线运动；夹角为180°时，为匀减速直线运动；夹角始终为90°时，为匀速圆周运动……"

这个同学讲完时，李老师那表情仿佛在说："继续呀，我还没有听完呢。"直到同学们用热烈的掌声把李老师拉回到课堂现场。

"同学们，我刚才被这位同学的展讲陶醉了。"李老师郑重其事地对着这位同学说道，"今天，我得给你送一个绰号，不知你喜欢不喜欢'老牛'这个绰号？"

"老师，你怎么可以随意给我起绰号？这个绰号是给男孩子的，我当然不喜欢。"这位女同学说话时脸上泛起了微微红晕。

"呵呵，你误会老师啦。"原来，李老师刚才卖了个"关子"，"大家看看，运动学这一章是不是有一个姓牛的科学家。这个绰号是不是很适合她呀！"

说完，李老师哈哈大笑。同学们也跟着李老师大笑起来。

"这个'老牛'我当然非常喜欢，只是觉得自己好像不够格。还有，老师，你没有说清楚牛顿怎么在你那里变了姓呀。"见自己上了老师的当，这位女同学显得有点不自然，"老师，我平时不大喜欢物理。你现在给我送了这么一顶帽子，我再不认真学习物理，就太对不起'老牛'这个绰号了。"

"老师,给我也送一个绰号吧。"

"老师,我们都想成为'老牛'。"

……

接下来,学生根据"速度加速度"这个最简单的文字画出了本模块的知识结构图,进而展示他们自编的习题,物理课上高潮不断。

也许受"老牛"这个绰号的影响,也许看似要求不高的这三点要求激活了学生的思维,也许同学们对知识的归纳、理解非常到位,这节活力四射的复习课,让物理这门高中生望而却步的课程,成为同学们的最爱——课堂复习一直延续到晚饭前,同学们还不想结束。

在接下来的半年时间里,那个被王老师叫作"老牛"的女同学经过努力,成了班级最爱学物理的学生,向着"老牛"的目标迈出了自己坚实的步伐。

阅读建议

把简单的记忆性问题变成关键问题

这个案例中老师给学生的问题并不多,却引发了学生的热烈讨论,原因就在于老师给学生的问题不同寻常。相较于一般老师给学生提出的不能引起学生深度学习、不能形成问题串的单一问题,这节课老师提出的问题应该称为"胖问题"。

英国学者泰德·雷格分析了 1000 名国外教师课堂中提出的问题。他把这些老师在课堂上提出的问题分成三类,并做了数据统计:57% 属于管理类问题,35% 属于检查知识和理解性问题,只有 8% 的问题属于鼓励学生交流与思考的问题。我们不难推测,不善于鼓励学生交流与思考的国内课堂,第三类问题的比例会更低。这组数据应该引起教师的警觉。

鼓励学生交流与思考的问题应该是"胖问题"。从本质上看,"胖问题"就是探究性问题、开放性问题、挑战性问题,是能够形成问题串的问题。据此,"胖问题"应该具有如下特点:一是没有简单的"正确"答案,不可能在书本上找到现成的答案,学生必须根据所学知识思考后,才能形成关于问题的回答。二是"胖问题"能够让学生产生高峰体验的问题,或能够引发学生高水平思考的问题。三是"胖问题"需要学生根据核心概念、基本知识、生活阅历,经过讨论和探究,才能形成对问题的认识。四是"胖问题"的结论能够通过"透过现象看本质",可能触及某一个主题或某一学科的核心内容。五是"胖问题"能够引发其他重要的问题,需要学生运用发展的、辩证的、联系的观点分析、解决。六是"胖问题"能够挑战未经验证的假设,质疑某些想当然的观点。

其实,在平时学习时,教师可以按照如下三种思路,引导学生把一个简单的记忆性问题变成"胖问题":一、要求学生思考所有可能的答案,而不是让学生想出正确答案。例如,把"请解释欲盖弥彰的意思"这个问题可以改为"欲盖弥彰的人心里都有鬼吗";把"什么是指数函数"这个问题可以改为"指数函数 $y+a^x$ 中的 a 可以是任意实数吗"。二、千万不要这样提问:告诉学生答案,并问为什么这是正确的。例如,把"诗歌《登高》是否运用了比兴手法?为什么?"这个问题可以改为"请举出诗歌《登高》中运用比兴手法的句子";把"不等式 $x^2+x+2<0$ 没有解吗?为什么?"这个问题可以改为"为什么 $x^2+x+2<0$ 在实数范围内无解?"三、把需要记忆的问题变成一个可能引起争议的判断。例如,把"诗歌《登高》运用了什么写作手法?"这个问题可以改为"杜甫的诗歌中都运用了与《登高》一样的写作手法吗?"把"圆的标准方程是什么?"这个问题可以改为"为什么 $ax^2+by^2=r^2$ 不是圆的标准方程"等。

优秀的家长会告诉孩子该关注哪个方向,而不是告诉孩子该去关注什么。面对孩子学习停滞不前或兴趣不高的情况,家长完全可以借用上述办法,引导孩子把问题变"胖",从而激活孩子学习的积极性和主动性。

27 只有进行现代化、民族化、脸谱化改造，才能让观众喜欢

充分发挥孩子的学习优势

> **核心观点**
>
> - 把学习与学习者个人关联起来，才能让学习者明白学习的意义和价值。
> - 只要愿意尝试，展示学习做起来没有想象中那么难。
> - 抓住学生的兴趣点，撬动学生自主学习的兴奋点和表现欲，就能激活学生的学习潜能。
> - 每个人都好为人师，善于给学生创造当先生的机会，就能调动学生的学习主动性。
> - 每一位学生都是智慧的源泉，师长所要做的就是打开这些智慧源泉的阀门，让学生的智慧奔涌而出。
> - 按照学习金字塔原理，展讲给别人听，24小时后留在大脑里的内容达到95%，家长应该不遗余力地予以支持。

这是发生在某重点高中高一语文课上的案例，学习内容是俄国作家契诃夫的名篇《装在套子里的人》。

执教的余老师上课后，先卖了个"关子"：同学们，有个影视投资公司的老板知道我们班同学非常厉害，准备来我们班选择拍摄电影《装在套子里的人》的策划、导演、编剧、音乐、美术和主演。怎么样，大家有没有这个兴趣和能力接受这个挑战？

同学们听闻此言，跃跃欲试："没问题，我们当然愿意干。老师，你就布置任务吧。"

看同学们热情高涨，余老师索性和盘托出自己的想法："策划就是为了达到一定的目的，充分调查市场环境及相关联的环境的基础上，遵循一定的方法或者规则，对未来即将发生的事情进行系统、周密、科学的预测并制订科学的可行性的方案。说白了，就是想尽千方百计，让观众愿意观看电影，提高电影的上座率；导演就是拍摄电影的组织者和领导者，是用演员表达自己思想的人，是把影视文学剧本搬上荧屏的总负责人；编剧是以文字的形式对需要拍摄的文章或书目进行整体设计，即把文章改写成演员可以表演的剧本，是电影的表演蓝本；而美术、音乐和主演的作用我就不说了，大家都懂的。

我们每个同学都可以选择自己喜欢的类型。现在，大家思考 5 分钟，自由选择 6 个不同的组，然后讨论形成你们的意见。怎么样？没有意见就干起来。"说完，余老师指定了每个组的位置，要求学生思考后，自由分组进行讨论。

接着，班上就像炸了锅了似的，一下子热闹异常，同学们按照老师的要求，自愿组成了 6 个小组，展开了热烈讨论。之后，所有小组都争着展示自己的学习成果，由于时间有限，余老师只邀请了策划组和美术组的代表进行了展示。

只见策划组的代表慷慨陈词："我们认为，这部电影要卖钱是很难的，理由有以下三点：一是小说很久远了，当代人不一定能接受。比如……二是这个片子写的是俄罗斯的事情，中国观众不一定能接受。比如……三是这个片子的主人翁太猥琐了，没有任何优点。还是那句话，投资有风险，投资需谨慎。如果一定要拍，我们认为，必须进行三个改造，一是要进行现代化改造，把故事情节和当代结合起来，让当代人能接受。比如……二是要进行中国化改造，给中国观众看，那里面俄罗斯的语言和文化要素一定要变成中国人能接受的东西。比如……三是要进行脸谱化改造，主人翁要有血有肉，不能没有任何优点。我们计划给主人翁进行这样一些变化……如果这样改造，这部片子宣传还有卖点。我们组的意见就是这些。谢谢大家！"

美术组的代表画了一张主人翁的肖像，强调这部电影的色

彩必须是冷色调的,因为这个片子的基调太低沉了,拍成彩色的效果不是很好。这个建筑和人物服装的颜色搭配也应该以强调冷色调为主。

虽然这节课很快就结束了,但学生的讨论并没有结束,课下还在交流、讨论,积极为第二天的学习分享活动做准备。令余老师喜出望外的是,以前从来都不受学生欢迎的语文自习,在学生主动要求下成了当天晚上的第一节自习,同学们自学的热情极高。

第二天早上刚到学校,一个男生见到余老师就开心地说道:"老师,昨天晚上我做梦了。我梦见自己成为主演,在电影里演别留科夫了(小说的主人翁),真是嗨死了!"

阅读建议

引导孩子学会展示学习，才能有效提高学习效率

  这个案例直抵课堂核心，撼动常规教学。阅读这个案例，一种强烈的冲动油然而生，如鲠在喉不吐不快，特想向世人发出学生学习潜能无限，三尺讲台可以放射万般光彩，小小教室可无限放大学生学问与才艺的呼声。激情过后，冷静思考这么精彩的教学，到底是颠覆了传统，还是回归教育常识。答案当然是后者。因为这样的设计能够让学习内容与学习者个人关联起来，进而让学习者理解学习的意义和价值，因而更符合因材施教、激发潜能的教学常识，只不过方式、形式上与传统区别较大。

  一般来说，习以为常的常规课堂教学，老师抱着多一事不如少一事的态度，鲜有人想着去突破：或因新式课堂教学费时费力，干脆想都不想；或因对自己缺乏信心，担心搞砸了；或因对学生心存偏见，担心学生缺乏热情、怀疑学生的能力，教学不好组织，实施起来有一定难度。因此，不少老师死守一言堂、满堂灌的正统教学，习惯于驾轻就熟地唱独角戏。其实，像案例所展示的课堂，只要老师们愿意尝试，做起来真的没有想象中那么难。

  从技巧上讲，主要是抓住学生的兴趣点，撬动学生自主学习的兴奋点和表现欲，以此为原则对教学内容进行筛选，就能激活学生的学习潜能。当然，要选准选好，是要花一番心思的。特别是要多关注最新课改案例,了解最新学科动向,勤于学习,不断思考。

一个班的一堂课能产生如此大的效应,要是全校所有班级都参与进来,整个校园还不得沸腾起来?一旦形成这样的气氛,学风教风校风还用发愁?这就涉及学生在课堂教学中的角色定位问题,有一个词用在这里再贴切不过了:好为人师。我的理解是,好老师善于给学生创造当先生的机会,甘愿把三尺讲台让出来,实际上,学生也的确可以成为小先生,就能调动学生的学习主动性。陶行知指出,把知识变成空气最好的办法就是运用小先生。知识变成空气,是说教室里每一位学生都是智慧的源泉,老师所要做的就是打开这些智慧源泉的阀门,钥匙就是放手让学生当一回小先生。

我想告诉家长朋友的是,按照学习金字塔原理,展示学习与听讲式学习的最大区别就是,展示、分享自己的观点在24小时后,96%的内容会留在大脑里,而听完后25小时只有5%还保留在大脑里。同时,展讲交流有利于培养孩子的归纳和表达能力,促进主动学习,激发孩子的学习欲望。因此,家长应该不遗余力地鼓励孩子参与这种学习。

28 一堂课可以搞出八种复习方案？

多用几种方法复习，不断提高复习效率

核心观点

- 放手让学生做学习的主人，就一定能释放极大的能量。
- 很多学生学习非常被动，即使学得好，将来也不会有多大的用处。
- 只要老师努力尝试，任何学科都可以与生活实际紧密联系起来。
- 不同的孩子有不同的学习方法，家长和老师没有必要强迫孩子按照一种方法去学习，正确的做法应该是，在尊重的基础上，引导孩子学会选择与改变。
- 教改效果好不好，与老师怎么看、怎么想、怎么说没有关系，而只与老师怎么做有关。
- 家长对合作学习的不认同甚至反对，是合作学习阻力较大的因素之一。而多数情况下，家长不认同的原因与老师私下向家长宣泄不满情绪有关。

这是某重点高中普通班的化学复习课，复习的内容是《卤族元素》这一单元，执教的老师姓罗，是一位教学经验非常丰富的骨干教师。

与一般的复习课不同，这节复习课完全改变了教师独自"整理知识，建立体系，化解疑难，突出关键，强化练习，避免误区"的复习课套路，把教师独角戏的复习巩固课变成了全体同学全员参与的交流提升课，让复习课充满了挑战。

上课伊始，罗老师开门见山，直接交代了这节课的学习任务：每个小组先用20分钟时间交流自我复习的效果，自我复习的任务是课前老师布置的复习内容。接着，围绕本组承担的任务，讨论形成本组的结论，写在黑板相应的位置，并做好小组展讲的积极准备。

这里简要说明一下，课前罗老师布置给学生的复习任务是，根据罗老师提示的八种方式，每个组选择其中的一种或自己认为更加合理的复习方法，对本章的知识内容进行归纳和总结。

罗老师课前给出八种方式是：一是按照教师平时的复习方法，划出本章的知识结构图或思维导图；二是把卤族元素跟氧族元素的化学性质进行比较复习，以表格的形式列出这两族元

素的异同点；三是列出这章所有的化学变化及反应方程式，并进行归类分析；四是列举本章中涉及的颜色变化，并进行归类分析；五是列出本章所有的离子反应方程式，并说明这些方程式的特点；六是对本章所涉及的计算题进行归类分析，并说明各种类型题目的解题规律和注意事项；七是对本章老师布置的所有练习进行归类分析，说明每一类题目的解题要点和注意事项；八是搜集、整理全班同学本章出错的题目，并进行归类分析，说明出错的原因，并给同学们提出避免发生类似错误的建议。

20分钟后，8个小组分别在黑板上写下了各自的复习内容，除了老师建议的方法外，有的组对本章涉及的化学基本概念和原理进行了归类分析，有的组则把本章知识在生产生活中的应用事项进行了整理。

课下，同学们对这节课赞不绝口：

"这样的复习课太精彩了！"

"众人拾柴火焰高，大家复习效果好。"

"每个组用一种方法复习，8个组就是8种方法，一堂这样的课比老师上8堂课的效果都大。"

……

下课后，同学们意犹未尽，自发行动起来，在自习时间继续进行交流和分享，沉浸在合作学习的快乐和享受之中。

阅读建议

发挥各自优势，开展自主复习

小组合作学习是近年来教育改革中关注的热点话题。虽然各地非常重视，也投入了很大精力，但大多效果不好。以至于很多学校和老师会产生这样的担心和疑问，这样的改革会不会有点水土不服？这两个案例无疑会给人眼前一亮的感觉。说到底，教改效果好不好，与教师怎么看、怎么想、怎么说没有关系，而只与教师怎么做有关系。东施效颦只会本末倒置，思想不通，本能拒绝，更是得不偿失。

毋庸置疑，很多学校和教师开展教改只是做给上级领导看的。上级领导喜欢什么，学校就跟风做什么。今天，领导对合作学习感兴趣，学校就大肆宣扬自己做了合作学习改革。明天，换了个领导说翻转课堂值得借鉴，学校马上推出相应的改革举措。当这样的伪改革、假改革，充斥于教育和学校时，教育改革就难以取得明显的成效。

再反思一下这个案例，有没有形式上的小组不重要，小组交流有没有规矩不重要，学习任务是否事先布置不重要，老师是否参与小组的指导也不重要。重要的是，教师心中有没有合作学习的意识，能不能把合作学习的思路贯穿到教学实践中，会不会提出有效的问题，有没有进行有效的教学设计。为什么很多学校和教师反对改革，不是因为改革本身有问题，而是因为不愿意反思自己在教学中的问题，更不想在教学中投入更多的精力，而是习惯于照本宣科，习惯于旧有的、效率不高的教学行为，习惯于形式化的备课。当然，没有一定的形式，就不可能有真正的内容。但只有小组的形式，没有内容的设计，再有效的形式都无济于事，都会产生相反的效果。如果以不要形式为名，行否定内容之实，则是对教育改革的本能拒绝，这种心态更值得警惕和纠正。

  教学效率问题从来都是教学改革争论的焦点。为什么合作学习饱受诟病，还有一个重要原因，就是很多教师认为，合作学习效率不高。听起来，对这个理由的解释也冠冕堂皇：教师讲 3 分钟就能让学生清楚的内容，学生讨论 10 分钟也未必能弄清楚。殊不知，教师以为自己讲清楚了，而学生并不一定能学明白。切不说，两天以后教师讲的内容，学生基本上忘得一干二净。关于合作学习不适合中国学生实际的一个理由也甚嚣尘上：国外没有升学压力，而中国国情不同，考试压力比较大，提升素质会抵消提高成绩的努力。其实，从本质上看，教育教学工作的核心任务不外乎两个，一是解决想不想学的问题，二是解决会不会学的问题。而合作学习的本质，就是通过学生的交流与合作，改变教师单向传递造成的学习厌倦情绪，调动学生学习的内动力，解决学生不想学的问题。之所以在合作学习实践中没有解决好这个问题，就在于教师没有精心设计交流的内容和过程，让学生对意义不大或没有意义的交流与合作产生了新的厌烦。会不会学的问题，在合作学习中也能得到有效解决——相互学习、讨论交流，能搞清问题的来龙去脉，能使概念和知识变成学生自己的话语体系。

家长对合作学习的不认同甚至反对，也是合作学习阻力较大的原因。家长的这种态度，一是与家长自身的认知水平有限有关，二是与部分教师私下给家长宣泄自己的不满情绪有关。家长的认知水平有限可以通过学校的宣传与解释来有效解决，教师私下把自己的情绪宣泄给家长，希望借家长之口阻挠改革，则需要引起学校的高度关注。简而言之，能不能落实教育改革，还在于教师的观念，教师想通了，全力以赴去做，家长的问题就不是问题，改革的目标就一定能实现。套用一句话就是，观念改革永远在路上。

29 "我是'李大钊',请大家关注当下的中国现实!"

让孩子学会伟人的思维方法

核心观点

- 在任何情况下,孩子都是学校真正的主人。
- 老师、家长不应该希望孩子对自己言听计从,变成自己的影子。
- 让孩子都参与到教学中去,老师就会越教越轻松。到了最后,孩子就会自己教自己了,甚至还会教老师了。
- 这样学习历史,就是创造学习:置身于历史环境中,身临其境地感受历史;把自己当成历史人物,对历史进行改进和延伸;以历史学家的身份,对历史人物的是非功过给出"评判"。
- 孩子所要学习的任何知识都是"新"的知识,完全可以根据自己的已有知识产生新的认识——"发展知识",形成新的规律——"创造规律"。
- 家长们更应看重"我要学",更应关注孩子学习的状态、过程,因为孩子有了好的状态和过程,迟早会转化为学习的进步和成绩的提高。

"欢迎大家收看第 2 期百家讲坛，我是讲解员……"听到这样的开场白，读者也许会感觉自己真的置身于中央电视台的百家讲坛节目现场。其实，这一幕发生在某重点高中一年级历史主题教学《近代前期的西学东渐》的课堂上。在张老师的组织和策划下，同学们用鲜活的手段，真实再现或者"改写"历史——课堂氛围高潮迭起，趣味盎然，更为重要的是，他们"讲的是故事，说的是道理"，他们寓教于乐，将历史的智慧演绎得淋漓尽致。

在每个小组展示之后，由每个小组一名同学组成的评审团对各个小组的表现予以点评和小结。

场景一 "百家讲坛" ——《李鸿章》

"我今天要给大家讲的一位人物极富传奇色彩。他身为重臣，对外建功，对内立业。但由于他的身世及其所处时代的特殊性，他成了一个背黑锅的天王。为什么我称之为'背黑锅的天王'呢？且听我详细地说来给大家听一听"……"弱小的中国出了这么一个有才华的李鸿章却一点用也没有，所以说历史的发展归根结底还是取决于制度。一个好的制度能使一个国家、一个民族走向繁荣昌盛。所以，我们不仅仅要崇拜英雄,也要崇拜那些好的制度。只有好的制度才能推动一个国家的前进,推动一个民族的发展。有了好的制度,国家发展了,也就不会出现李中堂这样背黑锅的人了。"

听完该同学主持的百家讲坛,张老师赞不绝口:"你的语言有非常气势,而且能寓教于乐。讲的是故事,说的是道理。非常棒!"

"一个民族只靠英雄,是不能强大的。有了好的制度,才能立于不败之地。"该同学又补充道,"确实,一个国家光有英雄是不够的,还必须要有好的制度。客观地说,李鸿章是一个非常有才华的人,也是一个非常有视野的人。但就是这样一个人,却背上了一个卖国贼的骂名。你说他愿意去签《马关条约》吗?当然不愿意,他当时也是服从国家的需要。所以,一个坏的社会、坏的制度,能使人变为鬼;一个好的社会、好的制度,能使鬼变为人。"

同学发言之后,评审团的同学做了精彩点评:"从中我们不难看出,这位同学,为了刻画好李鸿章这样一位历史人物,课前一定做了充分的准备。更重要的是,通过讲述李鸿章这一历史人物,阐述了这样一个唯物主义的历史规律,那就是时势造英雄,英雄人物可以对历史的发展起到推动作用,但不能起决定作用,英雄人物的作用是有限的,不能无限夸大,个人在历史的洪流中是渺小的。"

场景二快板——《中国近代史》

大家喜闻乐见的娱乐形式——快板,也走进了历史课堂,请看同学们的精彩表演:

则徐虎门销鸦片,海国图志魏源编;中英南京条约签,大冤!

洪秀全起义金田,太平天国南京建;慈禧洋枪华尔命,西天!

英法烧我圆明园,宗棠新疆缓急战;俄国抢地百多万,太贪!

甲午中日大海战,邓世昌敢撞敌舰;李伊马关条约签,现眼!

山东直隶义和团,扶清灭洋不简单;廊坊打得八国鬼,逃窜!

自强求富搞洋务,造船开矿学织布;水师学堂和运输,新路!

康梁公车来上书,天演译述有严复;光绪变法慈禧哭,颠覆!

中山同盟三主义,武昌起义得胜利;民国政府一建立,临时的!

独秀上海新青年，白胡狂鲁李大胆；民主科学大旗展，新鲜！
北京五四好青年，爱国精神世代传；一大党建新面貌，焕然！
中山创办黄埔校，培养人才最重要；北伐叶挺克两桥，快刀！
南昌起义在八一，秋收井冈插红旗；红军长征大转移，被逼！
九一八事变在沈阳，东北三省全沦亡；张杨西安竟敢抓，老蒋！
七七事变卢沟桥，全国抗日战火烧；南京屠杀土变焦，没人道！
宗仁血战台儿庄，日军哭爹又喊娘；德怀百团大战场，真爽！
七大召开在延安，抗战胜利光明现；百年耻辱党驱冤，关键！
国共双十协定签，重视重庆去谈判；老蒋假和真内战，揭穿！
全面进攻扑个空，重点进攻化泡影；刘邓大军一阵风，真猛！
辽淮平津大决战，百万雄师过江南；南京政府一垮台，全完！

通过这段脍炙人口的快板，同学们将100多年的中国近代历史已经简单而又形象地勾勒出来，既形象生动，又线索清晰。正如同学们所说："学习历史最简单，就像近代三句半，找对方法最好办！"

"历史的发展纷繁复杂、千头万绪，但在这个表演中，同学们抓住了中国近代史上的一些关键事件，从政治、经济、思想文化、军事、外交等角度，全方位、立体地将一整部中国近代史呈现在大家的面前，构建了中国近代的历史框架，从宏观上把握了历史。这种学习，比任何的传统历史课堂更有意义、更有效率，也更能培养同学们的能力、提高同学们学习历史的兴趣。"评审团的同学对这个快板予以高度赞扬。

场景三 话剧——《李大钊》

"去掉一个最高分,去掉一个最低分,我宣布第 4 小组的最终得分是 67.5 分。"这一幕不是发生在电视台的选秀栏目上,而是出现在这次历史展示课上,是评审团的同学们对各组同学们的表演进行点评、打分。

且看同学们的精彩表演:

"先谢谢大家来参加这次会议。大家都是明眼人,咱们清楚地看到,北洋军阀这些年都做了些什么。政局不但没有任何改观,反而更加混乱。整个中国,可谓是乌烟瘴气,群魔乱舞,廉耻丧尽,贿赂横行。现在,江河日下,国之不国!"这段慷慨激昂的陈词,来自小牛同学饰演的"李大钊"。

除了"李大钊"之外,参加这次"会议"的还有基尔特社会主义者、无政府主义者。他们在这次"会议"上与"李大钊"展开了激烈争辩:

"在我看来,用暴力推翻政府,用革命手段打破现有的制度,只会让国家更加贫困、人民更加痛苦,所以必须走改良主义的道路!"

"中国要想富强,不受洋人欺负,就必须学习西方国家的制度。现如今中国产业落后,工农无知,没有实施社会主义的物质条件和阶级基础,共产主义运动急不得。眼下,咱们应该依靠资产阶级,发展资本主义,这才是打倒军阀、复兴中国的上上策!"

"共产主义一定能救中国！但前提是必须实现无政府的共产主义。废除国家、废除阶级、废除组织纪律，实行绝对的自由，那才是最美好的社会！"

"个人与社会、自由与秩序，原是不可分割的东西。离开社会，已无所谓人。中国要想实现共产主义，必须走社会主义的道路。只能效法俄国共产党，走十月革命的道路，建立无产阶级专政的、人民当家做主的新型国家！"

看完同学们的表演，张老师若有所思："这段话剧表演，同学们不但营造了很好的历史氛围，而且对中国共产党成立的这段历史有了进一步的了解，特别是话剧里提到的基尔特社会主义者、无政府主义者这些历史知识，教材里并没有提及，这无疑是对教材内容的拓展和提升，不仅扩展了同学们的知识面，而且激发了同学们去主动探究历史、学习历史的兴趣，并用史实来说明历史发展的潮流和规律。"

评审团的同学们也为这个组的同学点赞："他们以开会辩论的形式，为同学们再现了当年的历史。这种形式比较新颖，在会议中，他们主要讨论了中国该怎样走、走什么道路的问题，指出了资本主义在中国是行不通的，只有无产阶级才能领导中国人民革命走向胜利。"

场景四话剧（反转剧）——《戊戌变法》

康有为："皇上！如今外国列强侵略我大清，中国已经到了生死存亡的关头，要想打败侵略者，唯有变法！"

光绪皇帝："那太后那边怎么办？"

梁启超："皇上，您不能再这样了！……如果您一味地软弱下去，估计太后就要登基了！"

慈禧："千年沿袭之旧制，怎能说改就改？简直有违纲常！大清的江山，本就该按着祖宗的做法来治理。哀家断不能相信这变法能变出个花样来！"

光绪皇帝：额娘！如今这形势您不是不知道，唯有变法自强，才能使大清江山永固！

慈禧："皇帝要这样做，不仅哀家看不起你，恐怕爱新觉罗祖宗一辈都看不起你，变法不可行！"

皇上见慈禧太后不支持变法，转而向手握重兵的袁世凯寻求支援："朕有一事相求。相信朕要变法之事你也知道，可一班大臣还有太后娘娘百般阻挠，你的话对太后最有用，要不你在太后面前说一说如何？"

"皇上，恕臣难以从命！太后是最尊敬老祖宗的了。况且，他老人家对康有为等人是什么态度，您也知道。臣不敢得罪太后！"

光绪皇帝请求袁世凯支持变法遭拒，于是，有一天，趁在慈宁宫觐见太后的机会，联合侍卫发动政变，囚禁慈禧太后，推行变法，一举取得成功，中国历史进入了新的历史发展征程。

表演结束后，张老师提问："你们的话剧表演非常特别，把真实的历史'改写'了，那你们想通过这种改变来说明什么样的历史规律呢？"

对老师的疑问，这个小组同学马上回答："我们要说明的是，治国要顺应历史规律。维新变法本来是一个正确的选择，但真实的历史是变法在慈禧太后的干预下失败了，我们把这个结局反转了。所以，在节目的最后，我们也借'慈禧'之口，点出了一个历史规律，那就是'我欲以旧制治世，看来，与时俱进才是真理。'"

张老师进一步点评："历史人物对历史是有推动作用的。如果光绪帝是像康熙一样的皇帝，可能历史也会发生新的变化。"

"这场话剧一方面再现了当年戊戌变法背后的宫廷政治，折射出当时中国政局的复杂性，同时，同学们在编写话剧时开展大胆的想象，并'改写'历史，这不能不说是一种崭新的尝试。"评审团的同学对这个话剧给出了最高评价。

在课堂结尾时，张老师用几句话对同学们的表现给予首肯："世界名画中的蒙娜丽莎，你如果觉得她是忧伤的，她就是忧伤的；你觉得她是微笑的，她就在对你微笑。因此，同学们，历史学科就像学习中的'蒙娜丽莎'，大家觉得她是有趣的，它就十分有趣！"

……

90分钟的课堂,每一个同学都如醉如痴,下课铃声对他们而言,不再是一种解脱,而是下一节更为精彩的课堂的集结号。

阅读建议

"创造"规律，其乐无穷

这节历史课例是真正的创造学习。在这个课堂上，学生学习历史知识，不是机械重复过去的知识内容，而是置身于历史环境中，身临其境感受历史；或者，把自己当成历史人物，按照自己的设想对历史进行"改进"和"延伸"；或者，处于当时条件下，设想历史可能的演进或变化；或者，以当代中学生的身份"采访"历史人物，对历史人物的是非功过给出"评判"。比如，提出类似这样的问题：你是东条英机（希特勒、毛泽东、蒋介石或罗斯福）要怎么改进历史？如此，学生学习起历史来，就会乐此不疲，主动把课堂学习延续到课外，期待着进入下个阶段的学习。

历史是一个非常开放性的话题。回到历史学科本身，教师需要思考：历史学科是干什么的？历史学科的核心价值是什么？难道就是要孩子们记住那些冰冷的知识吗？绝对不是。历史科学的核心价值就是以史鉴今，就是透过历史看到未来，就是通过学习历史，让学生知道今后怎样改变人类发展的进程，这些都应该是学习历史的根本目的。而为了这个目的去学习历史，历史学习应该是最有趣的，超越了低阶和中阶思维阶段，已经到了创造性思维这个高级思维阶段。我觉得，每一门学科的教师都应该思考本学科的核心价值和追求。

对于学生而言，学习的任何知识（其实本质是人类通过实践创造获得的对客观世界的认识）都是"新"的知识。因此，在教学设计过程中，教师可以通过对知识（包括概念、理论）的形成和发展过程（这也是我们为什么提出要学习学科史的原因）的认真分析中，提炼出人类所必须知道的重要信息或所必须实践的重要活动，引导学生在从已知的认识（亦即我们所述的预备认识）、信息、经验中，思考、分析产生新的认识——"发展知识"，形成新的"规律"——"创造规律"。在"发展知识""创造规律"的过程中提高学生的学科观念和学科素养，提升创造性思维和创造能力。

学习需要创造性思维，创造性思维能够引发学生的高峰体验，能够让学生感受到知识的价值、学习的乐趣、思维的魅力，家长和老师在追求高分的同时，应该更重视学生的创造性思维活动，因为有了创造性思维，学生就有了学习用之不竭的内动力，而有了强劲的内动力，不愁学习不好。

从"要我学"到"我要学"，是教育改革的永恒主题。面对教育改革大潮，家长们更应看重"我要学"，更应关注孩子学习的状态、过程。有了好的状态和过程，即便成绩暂时差一点，也不必担心，因为孩子迟早会将其转化为学习的进步和成绩的提高。

30 "我也能编高考题！"

会编高考题的孩子，高考成绩差不了

核心观点

- 会编题的孩子就一定会解题。
- 课堂教学应该不断地"制造"问题，从而使教学始终处于问题—追问—答案—新问题—继续追问—新答案的无限循环。
- 老师应该按照低阶、中阶、高阶三个层次思维，为不同学生筛选不同层次的作业，让不同层次的学生都学有所获。
- 用发展、辩证的思维来把握概念与规律的实质，搞清概念与规律的形成、发生和发展过程，才会创编高阶思维练习题。
- 文科可以用因果对调、增减条件、情境变化及问题分解等四种办法改编习题。理科学科可以用变化数字、数图变换、数变字母等方法改编习题。
- 家长一定要鼓励孩子有效反思，多做改题、编题训练，从而激活孩子的思维。

某重点中学高三年级年轻物理教师小胡,不喜欢因循守旧。因为第一次担任高三复习课教学,小胡老师没有任何经验。即便如此,小胡老师也不想像他的前辈那样设计复习课。

经过反复思考,小胡老师决定改变学、练、考、讲的"四步"传统教学流程,设计了新颖的复习课教学思路:让学生根据各自的基础和能力进行改题训练。

为了把这个思路落到实处,达到激发学生学习积极性的目标,胡老师选择了"机械能守恒定律的应用"这个内容,设计了包含六个具体环节的教学流程。下面是这节课实施的具体过程。

第一环节,实例示范,指点迷津。这个环节时长3分钟。

在这个环节,小胡老师在电教平台上事先给出了一个题目变化的实例,并让学生通过这个变化,了解把一个识记性问题逐步转化为理解、分析、应用、评价和创造等五类问题的途径。

胡老师给出的识记类问题是:机械能守恒定律的内容是什么?转化的步骤为:

第一步,转化为理解类问题。下列两种情况下,机械能是否守恒,并说明原因:1. 合外力为零;2. 没有外力。

第二步，转化为应用类问题。物体只发生动能和势能相互转换时，机械能一定守恒。这个判断为什么是正确的？

第三步，转化为分析类问题。一个物体从 H 米高的光滑斜面顶部滑到斜面底部，与这个物体从 H 米高处落到地面时的速度一样，这两个运动过程中的机械能守恒吗？

第四步，转化为评价类问题。某同学说，没有摩擦力和阻力做功的情况下，机械能一定守恒。请你对他的说法进行驳斥。

第五步，转化为创造类问题。请结合下列实例，按照所学的知识，推导机械能守恒定律：物体以初速为 V 从高度 H 的光滑斜面顶部下滑到斜面底部。

第二环节，整理思路，揭示规律。这个环节时长 4 分钟。

在这个环节，胡老师根据上述实例，讲解了如何把一个识记类问题转化为其他类型问题的思路。

首先，胡老师对识记类问题做了解释：识记类问题表达的方式是：说出 ____ 的意思。

其次，胡老师逐一说明其他类别问题的表达方式。

一、理解类问题表达的是：____ 的主要意思是什么？

二、应用类问题表达的是：如果有关条件变化了，____ 会发生什么样的变化？

三、分析类问题表达的是：_____ 与哪些内容有相似（相异）之处？

四、评价类问题表达的是：请你对_____的主要观点进行辩护（或驳斥）；

五、创造类问题表达的是：关于_____，你还有其他的想法吗？

最后，胡老师告诉同学们，要根据不同类型的问题表达方式，进行问题转换，这样，大家就可以改编题目了。

第三环节，人人动脑，创编练习。这个环节时长13分钟。

在这个环节，胡老师先是给出了3个识记类问题的实例：1.运用机械能守恒定律的前提和条件是什么？ 2.运用机械能守恒定律时，要注意哪些事项？ 3.机械能守恒定律与动能定律、势能定律有什么关系？然后，要求学生根据自己的学习基础和能力选择一道题目或几道题目进行改编,并告诉学生:不一定每个题目都要改编成五类问题,而是要根据自己的实际,转化成一个类别或几个类别的题目。当然,如果大家能够选择别的识记类问题或自己编一个识记类问题进行改编更好。

小胡老师布置完任务后,同学们以小组为单位纷纷行动起来,投入改编题目的创造活动中。小胡老师则在班级内对小组进行巡回指导,对各组学生学习过程中的疑问进行解答和指导,并及时做好相应的记录。

第四环节,小组交流,集思广益。这个环节时长10分钟。

在这个环节,小组内对同学们改编的题目进行了充分讨论,要求每个同学说明自己的改变思路,并讨论改编问题的解决思路。然后,通过互帮互学,解决其他同学不懂的问题,并选出本组同学公认的比较优秀的题目,认真修改完善。之后,写在黑板上老师指定的位置。

呈现在黑板上的6个小组的问题中,有4个小组写的是分析类问题,一个小组写的是评价类问题,还有一个小组写的是创造类问题。

接着,由各组代表组成的评审小组选出3个最优秀的小组,并讲解选择的理由,等全班同学认可后,小胡老师对学生改编的题目进行简短点评。

第五环节,交流对话,挑战权威。这个环节时长10分钟。

在这个环节,上个环节选出的3个小组对本组改编的题目分别进行展讲，并逐一说明改编的理由。接着，小胡老师要求其他组同学用 3 分钟选择其中的一个题目进行解答，对 3 个小组发起挑战。

挑战的游戏规则是：第一个完成的同学把自己的答案通过投影仪展示出来。如果回答正确，可以评为"物理小博士"。回答不正确，再由其他组的同学继续回答。而没有人能正确解答的题目的改编小组，则成为本节课的学霸组。结果，两名同学获得"物理小博士"称号，一个小组成为本节课的学霸组。

第六环节，反思小结，巩固提升。这个环节时长 5 分钟。

在这个环节，小胡老师要求学生反思改编题目时存在的问题，以及本节课的收获体会，并通过电脑抽签方式，选择两个学生分享自己的学习体会。

课堂结束前，小胡老师在归纳总结同学们在改编题目中存在的几个小问题后，对同学们的表现做了精彩点评："本节课，同学们的表现真不简单，有两个组改编的题目与前几年的全国高考题非常相似，还有一个小组编的题目超过了高考题的水平，因为这道题目没有明确的唯一答案，具有一定的创造性。我相信，能编高考题，就一定会解高考题，高考对大家来说，就会是一次愉快的学习体验。"然后，小胡老师对哪些题目与哪一年高考的哪一道题目相似进行了具体说明。

"哇，我也能编高考题了。真是难以置信，我一定要尽全力学好物理，成为真正的物理王，将来要为物理学的发展做出自己的贡献，以不负'物理小博士'的称号。"获得"物理小博士"的一名同学在自己的课后日记中这样写道。

阅读建议

学会改题编题，才能举一反三

这个案例中，老师根据不同层次的思维训练要求，要求学生根据自己的学习基础和思维能力，选择按照六个层次的要求改编题目（其实，这六个层次可以归纳为低阶、中阶、高阶三个层次）。这样做，对高、中、低三个不同层次的学生都有诱惑力和挑战性，能够满足不同层次学生的学习需求，因而能够有效落实因材施教原则。显然，这是一种能够激活学生思维的有效的复习、训练方法。

具体来说，第一个层次是低阶思维训练。这个层次的练习主要围绕识记和理解层次的内容展开，学生只要抓住规律的关键词的理解，就可以通过填空或简单问答的方式编题或改题。第二个层次是中阶思维训练，这个层次的练习主要围绕分析和应用层次的内容展开。这个层次不仅要求抓住关键内容，而且要求学生能够搞清规律的应用范围和适用条件，以及与相关规律的联系和区别。第三个层次是高阶思维训练，这个层次的练习主要围绕评价和创造层次的内容展开，适合优秀学生选做。对于这个层次的内容而言，必须用发展、辩证的思维来把握概念与规律的实质，搞清概念与规律的形成、发生和发展过程，才能尝试改编此类题目。

一般来说，在现行考试中涉及的基本上都是低阶思维和中阶思维的题目（起码这两种类型的题目要占到全部考试试题的 90% 以上）。而高阶思维的题目由于无法给出统一的标准答案，评卷难度极大，一般不会出现在考题中。但由于高阶思维训练能激活学生的思维，满足学生挑战学习的欲望，容易让学生产生高峰体验，进而激发学生学习的内动力。因此，虽然考试中不一定会考这样的题目，但却应该设法运用在学生的学习过程中。正所谓，法乎其上取其中。反之，如果考什么就练什么，不但不容易培养学生的创造性思维，而且也难以调动学生的学习积极性和主动性，使学生厌烦学习和训练，只会适得其反。因此，我们必须为这样的改革点赞。

我觉得，除了按照六类问题转化进行问题改编外，文科学科可以借鉴以下四种办法改编问题：一是因果对调，就是把已知条件中的一个变成未知条件，把未知条件变成已知条件中的一个；二是增减条件，就是增加或减少已知条件的数量；三是情境变化，即改变题目所给的情境；四是问题分解，把复杂问题分解成若干简单问题。而理科学科除了因果对调、增减条件、问题分解三种方法外，还可以借鉴以下三种方法改编问题：一是变化数字，就是改变题目已知信息的数字，注意数字变化后，概念适用性的变化；二是数图变换，就是把数字变成图表，或者把图表变成数字；三是数变字母，把数字变成字母，亦即把特殊问题变成一般问题（当然在这种改题训练时，要注意进行适当的讨论）。

从家长角度看，一定要鼓励孩子有效反思，多做改题、编题训练，从而激活孩子的思维。而不宜在学校布置的练习之外，给孩子布置更多的练习，避免进一步加大孩子已经很重的学习负担。家长有能力，不妨按照案例中的方法引导孩子尝试学习改编题目。

后记

　　也许是因为我对问题学生转化和优秀学生培养等家长关注的问题有所研究,也许是因为我的两个孩子都能在关键时刻实现学习逆袭,很多家长和朋友经常会向我咨询有关孩子教育的问题,不少班主任和任课教师经常会与我交流关于"熊孩子"教育的看法。久而久之,这些咨询和交流使我有了写作《好教育成就好孩子》的冲动:为了让更多的孩子健康成长,为了给更多的家长提供帮助,也为了使更多的老师少走弯路。

　　《好教育成就好孩子》出版后,很多家长觉得,中小学写在一本书里,读起来不是很方便,而且原作解读过多,读起来有点费劲儿,这和中国青年出版社编辑刘霜的意见不谋而合。于是,在刘编辑的鼓励和支持下,我着手对《好教育成就好孩子》进行了改编:对书的结构进行了重新调整,增加了新的案例和阅读建议,删去了过多的理性解读,更加突出了提升孩子思维力和学习力的指导,特别邀请天津市美术家协会会员、天津市美协漫画专业委员会理事、天津市宁河区青少年官漫画专业教师刘志永老师绘制了精美的漫画插图。

在此，我要特别感谢中国青年出版社刘霜编辑的精心策划；清华大学附属中学王殿军校长、陕西西安高新一中王淑芳校长、海南省海南中学马向阳校长及深圳市福田中学王德久校长等全国高中名校思维导学教改联盟学校领导的大力支持，深圳市教育局赵立副局长、深圳市教育局王水发副局长以及深圳市南山区政协副主席、区教育局刘根平局长等领导的关心和鼓励，中国教育报刊社翟博社长、中国家庭教育学会傅国亮副会长、中国教育报刊社雷振海副社长、《中国教育报》读书周刊王珺主编、《中国教师报》教师发展中心韩世文副主任、全国校长会徐启建理事长、广东教育国际化专业委员会刘晓明理事长、深圳市福田区教育局田洪明局长、深圳大学师范学院常务副院长李臣之教授、深圳职业技术学院徐平利教授等专家的建议和意见，王遂社、毕成艳、郭永新、闫永昌、鲁江、王秋英、李禾田等好友的热情帮助，天津漫画家刘志永老师为本书绘制了精美的插图，特别感谢东莞光明中学王永春校长参与中学版的改编工作。

需要感谢的人和单位很多，但由于篇幅有限，不再一一列举。千言万语汇成一句话，没有你们的辛勤付出，就没有本书的付梓出版。

房超平

2019 年 6 月 6 日于北京

图书在版编目（CIP）数据

学习的超级动力：相信孩子，就能创造奇迹：中学版 / 房超平，王永春著 . — 北京：中国青年出版社 ,2020.9
（思维第一）
ISBN 978-7-5153-6176-5

Ⅰ . ①学… Ⅱ . ①房… ②王… Ⅲ . ①中学教育 – 教育研究 Ⅳ . ① G632.0

中国版本图书馆 CIP 数据核字 (2020) 第 172727 号

中国青年出版社 出版发行

社址：北京东四 12 条 21 号
邮政编码：100708
网址：http://www.cyp.com.cn
责任编辑：刘霜 Liushuangcyp@163.com
特约编辑：朱艺
编辑部电话：（010）57350508
发行部电话：（010）57350370

北京欣睿虹彩印刷有限公司印刷
新华书店经销
开本：880×1230 1/32
印张：10
字数：250 千字
2020 年 11 月北京第 1 版
2021 年 3 月北京第 2 次印刷
定价：49.80 元

本图书如有任何印装质量问题，
请与出版部联系调换
联系电话：（010）57350337